FEITO PARA

bebês

FEITO PARA bebês

ROUPAS • BRINQUEDOS
ACESSÓRIOS • ENFEITES

PUBLIFOLHA

Um livro da Dorling Kindersley
www.dk.com

Título original: *Made for baby*

Publicado originalmente na Grã-Bretanha em 2014, pela Dorling Kindersley Limited, 80 Strand, Londres WC2R 0RL, Inglaterra.

COORDENAÇÃO DO PROJETO: PUBLIFOLHA
Editor assistente: Thiago Barbalho
Produtora gráfica: Samantha R. Monteiro

PRODUÇÃO EDITORIAL: ESTÚDIO SABIÁ
Edição: Ceci Meira
Tradução: Alessandra Barros
Preparação e consultoria: Rosane Albert
Revisão: Lela Sanalios, Nina Rizzo
Produção: Ana Célia Goda
Editoração eletrônica: MOS editorial

EDIÇÃO ORIGINAL: DORLING KINDERSLEY
Editora do projeto: Kathryn Meeker
Editora de arte sênior: Nicola Rodway
Editora: Hilary Mandelberg
Gerente editorial: Penny Smith
Gerente de arte: Marianne Markham
Diretora de fotografia: Jane Ewart
Fotografia: Ruth Jenkinson
Designer de capa: Rosie Levine
Pré-produção: Sarah Isle
Produtor sênior: Alex Bell
Suporte técnico de criação: Sonia Charbonnier
Diretora de arte: Jane Bull
Editora: Mary Ling

DK ÍNDIA
Editora sênior: Dorothy Kikon
Editora de arte sênior: Ira Sharma
Assistente de edição de arte: Sourabh Challariya
Gerente editorial: Alicia Ingty
Gerente de arte: Navidita Thapa
Gerente de pré-produção: Sunil Sharma
Gerente de produção: Pankaj Sharma
Editoração eletrônica sênior: Jagtar Singh

Dados Internacionais de Catalogação na Publicação (CIP)
(Câmara Brasileira do Livro, SP, Brasil)

Feito para bebês / [Dorling Kindersley ; tradução Alessandra Barros]
– São Paulo : Publifolha, 2014.

Título original: Made for baby.
ISBN 978-85-7914-539-1

1. Artesanato 2. Brinquedos 3. Enfeites 4. Trabalhos manuais
I. Dorling Kindersley.

14-04507 CDD-745.5

Índices para catálogo sistemático:
1. Artesanato : Trabalhos manuais : Artes 745.5

Este livro segue as regras do Acordo Ortográfico da Língua Portuguesa (1990), em vigor desde 1º de janeiro de 2009.

Impresso na Hung Hing, China.

PUBLIFOLHA
Divisão de Publicações do Grupo Folha
Al. Barão de Limeira, 401, 6º andar
CEP 01202-900, São Paulo, SP
Tel.: (11) 3224-2186/2187/2197
www.publifolha.com.br

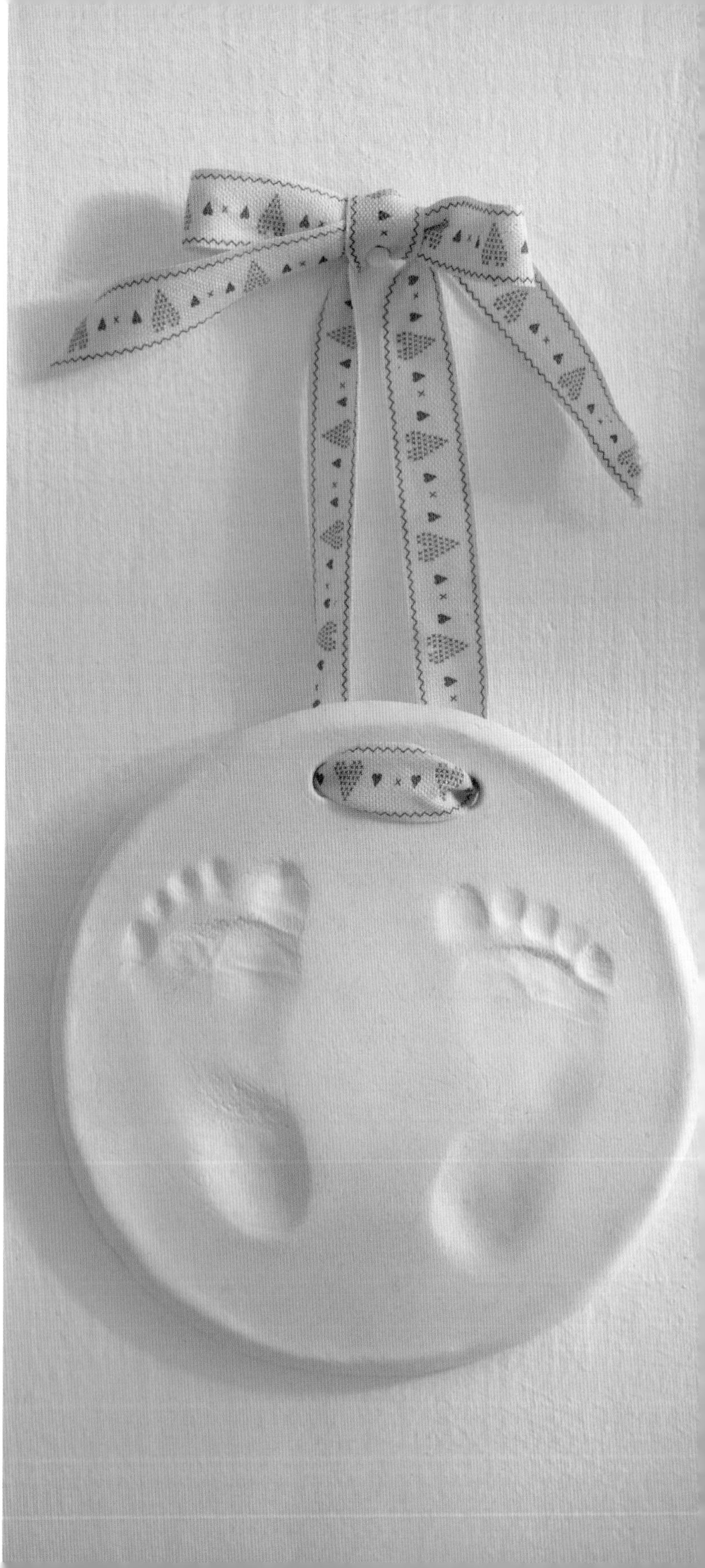

Introdução

A chegada de um bebê é um momento de grande emoção, que muitas vezes desperta a vontade de criar peças artesanais. Este livro ensina a fazer roupas e brinquedos lindos para o neném, bem como acessórios para o quarto e lembranças que as mães podem guardar para sempre.

O livro contém mais de cinquenta ideias de projetos. Você pode seguir o passo a passo ou usar as técnicas gerais para fazer suas próprias criações. Tente, por exemplo, modificar o formato das orelhas e do rabo do ratinho das páginas 136-43 para fazer um coelho, criar seus próprios estênceis, carimbos ou desenhos para bordar, ou transformar um simples desenho manual em aplique ou arte com botões. Use sua criatividade para tornar cada projeto único. Em geral, todos os tecidos usados nas receitas devem ser lavados, para que encolham antes do corte e da costura e não deformem as criações. Como os itens são para bebês, tenha em mente que todas as peças devem estar bem presas, em especial os botões. Verifique sempre se os trabalhos feitos à mão não se desgastaram e, se necessário, conserte-os. Agora, é só virar a página e encontrar o presente perfeito.

Sumário

Quarto 8

Almofada fofinha 10
Lembrança da mão do bebê 16
Móbile celeste 18
Colcha de patchwork 22
Coelhinho de botões 28
Cabides decorados 32
Cobertor com ovelhas 36
Bandeirinhas coloridas 40
Pinguins para o banho 44
Tapete recreativo de flor 52
Móbile com bichinhos 56
Calço de casinha para porta 60
Manta estrelada 66
Moldura com listras 70
Almofada de coruja 74
Trocador portátil 78
Organizador suspenso 82
Protetor para porta 86
Bolsa de mão impermeável 90

Brinquedos 94

Baleia simpática 96
Blocos de montar estampados 100
Chocalho de cachorrinho 104
Bolinhas de lã 108
Argolas com temas naturais 112
Livro de tecido com animais 116
Polvo macio 124
Borboleta de tecido 130
Ratinho divertido 136
Fantoches de animais selvagens 144

Roupas 148

Conjunto de babadores 150
Botinha de verão 154
Bodies com fuxicos 160
Gorro para dias ensolarados 166
Bodies com temas marítimos 174
Faixa de cabelo com fuxico 178
Gorro para recém-nascido 182
Luvas para recém-nascido 186
Vestidinho de verão 190

Para a mamãe 196

Pingente com impressão digital 198
Bolsa para fraldas 204
Prato com pegadas do bebê 210
Cartões de presente 212
Presente em forma de cupcake 216
Silhueta de um ano 220

Como costurar à mão e bordar 224
Como fazer um tubo de tecido 226
Como fazer pregas 227
Moldes 228
Glossário 250
Índice 252
Agradecimentos 255

Quarto

ITENS ADICIONAIS PARA O CARNEIRO

- Linha cinza-clara, preta e rosa
- 25 cm x 30 cm de tecido cinza-claro para o corpo
- Retalhos de tecidos bege-claros e rosa para o nariz e o laço

ITENS ADICIONAIS PARA A GIRAFA

- Linha ocre
- 30 cm x 20 cm de tecido ocre para o corpo
- Retalhos de tecido ocre para cascos, chifres, nariz e topete

Almofada fofinha

Essas lindas capas de almofada formam um conjunto encantador, mas podem ser usadas individualmente. Escolha tecidos diferentes que combinem entre si. As capas têm abertura traseira para acomodar almofadas de 40 cm x 40 cm.

MATERIAL ✿ marcador ou lápis ✿ papel vegetal ✿ tesoura ✿ entretela termocolante de 40 cm x 40 cm para cada almofada ✿ tecidos para os animais (veja ao lado) ✿ ferro de passar ✿ alfinetes ✿ 1 quadrado de 42 cm x 42 cm e 2 retângulos de 42 cm x 31 cm do tecido principal para cada almofada ✿ linha de cor contrastante para o alinhavo ✿ agulha ✿ linha que combine com o tecido da almofada ✿ máquina de costura com ponto zigue-zague ✿ linha de bordar preta e ocre ✿ agulha com orifício grande ✿ enchimento de 45 cm x 45 cm para cada almofada ✿ tecido fino de algodão branco de 45 cm x 45 cm para cada almofada

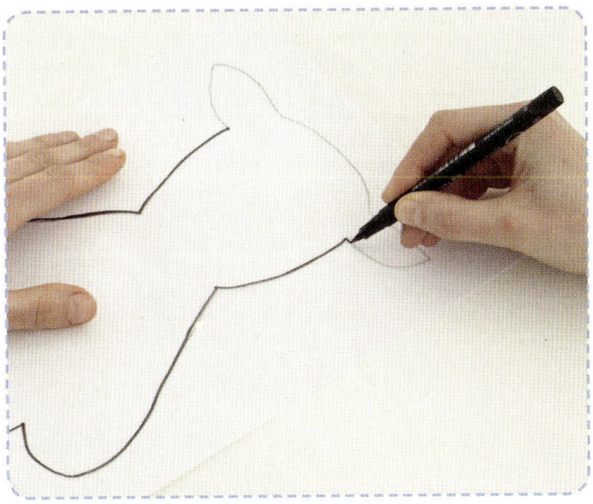

1 **Com um marcador ou lápis**, faça o traçado dos moldes de girafa e carneiro da p. 228 no papel vegetal. Corte os moldes.

2 **Passe a ferro o tecido do corpo do animal** e os retalhos para os detalhes sobre a entretela termocolante, em temperatura morna, não muito quente. Antes de começar, corte a entretela conforme necessário. Confira se o lado brilhante da entretela está contra o lado avesso do tecido. Pressione com o ferro até unir o tecido e a entretela.

3 **Junte com alfinetes as peças do molde** e as peças correspondentes do tecido com entretela. Corte em volta dos moldes, depois retire os alfinetes e os moldes. Passe a ferro o quadrado do tecido principal e os dois retângulos. Eles formarão a frente e as abas traseiras da almofada, respectivamente.

4 **Centralize e prenda com alfinetes o corpo do animal** na parte da frente da almofada. Se estiver fazendo o carneiro, coloque o laço e o nariz no alto do corpo dele. Para a girafa, aplique os cascos, o nariz e o topete e encaixe os dois chifres um pouco abaixo do topo da cabeça. Prenda todas as partes no lugar com alfinetes.

5 **Com a linha contrastante**, alinhave todas as peças no lugar, na parte da frente da almofada. Alinhave em torno das bordas de cada peça, mesmo as pequenas. Retire os alfinetes.

6 **Ajuste a máquina de costura** no ponto zigue-zague largo, com comprimento de ponto curto de 0-1, para criar um ponto cheio fechado. Coloque a cor certa de linha na máquina e no carretel e costure ao longo das bordas das peças. (Veja quadro à direita.)

COMO COSTURAR OS ANIMAIS

Ao costurar a girafa, use a linha ocre em todo o contorno, mas, no carneiro, use a linha rosa para costurar o laço. Siga as orientações da p. 228 para saber onde estender os pontos, a fim de definir as patas, as orelhas e o rabo do carneiro. Coloque a linha preta na máquina e no carretel para costurar o nariz do carneiro. Oriente-se pela fotografia da p. 10.

7 **Depois que todo o animal** estiver costurado à máquina, retire todos os pontos alinhavados. Coloque a linha de bordar preta na agulha de orifício grande e borde os olhos. Use a linha ocre para bordar as narinas da girafa.

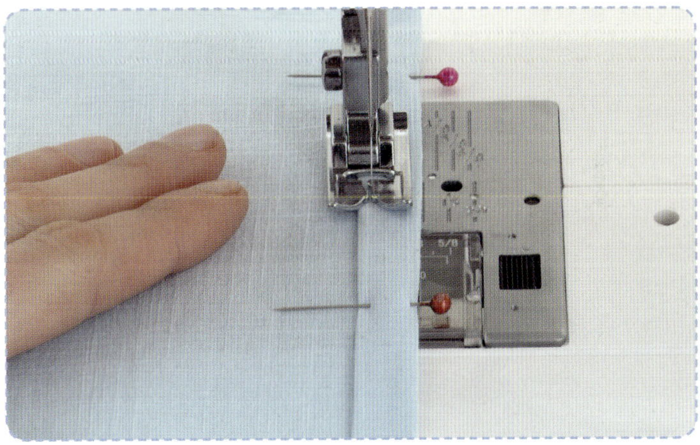

8 **Faça a bainha de uma borda longa** de cada aba traseira costurando duas dobras de 1 cm cada. Prenda com alfinetes, como acima. Coloque a linha correspondente na máquina e no carretel e reprograme-a para dar ponto reto com largura e comprimento normais. Costure perto da borda da dobra. Retire os alfinetes. Repita na segunda aba. Em seguida, corte um quadrado de enchimento e outro de algodão fino branco, cada um com 42 cm x 42 cm.

9 **Coloque o algodão branco** na bancada e o enchimento sobre ele. Logo acima vem a frente da almofada, com o lado direito para cima. Coloque uma das abas traseiras em cima, com o lado direito para baixo, alinhando a borda sem bainha com a borda inferior da almofada. Coloque a outra aba traseira em cima, com o lado direito para baixo, alinhando a borda sem bainha com a borda superior da almofada. As abas traseiras ficarão sobrepostas. Prenda os tecidos com alfinetes, unindo os lados e alinhando as bordas.

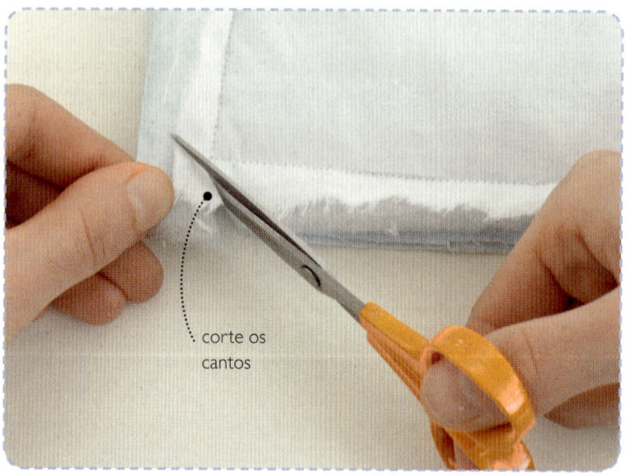

10 **Costure à máquina ao longo dos lados** da capa da almofada usando uma margem de costura de 1 cm. Corte os quatro cantos na diagonal para remover o excesso de tecido, com cuidado para não cortar os pontos. Vire a capa da almofada para o lado direito e passe a ferro, se necessário. Insira por trás o enchimento da almofada.

DICA *Não encoste o ferro no lado brilhante da entretela, para não grudar.*

Lembrança da mão do bebê

Guarde para sempre a impressão da mãozinha de seu bebê. Esse projeto é mais adequado para os pequenos acima de quatro meses. Antes disso, a mão do bebê se fecha ao ser tocada e fica difícil obter uma impressão nítida.

MATERIAL ✿ tinta não tóxica à base de água da cor de sua preferência ✿ pincel ✿ papel para tinta à base de água ✿ estilete ✿ régua ✿ base de corte ✿ tesoura ✿ tecido estampado de 33 cm x 33 cm ou de largura suficiente para emoldurar ✿ fita-crepe ✿ fita adesiva dupla face ✿ moldura de 25 cm x 25 cm ou do tamanho de sua preferência

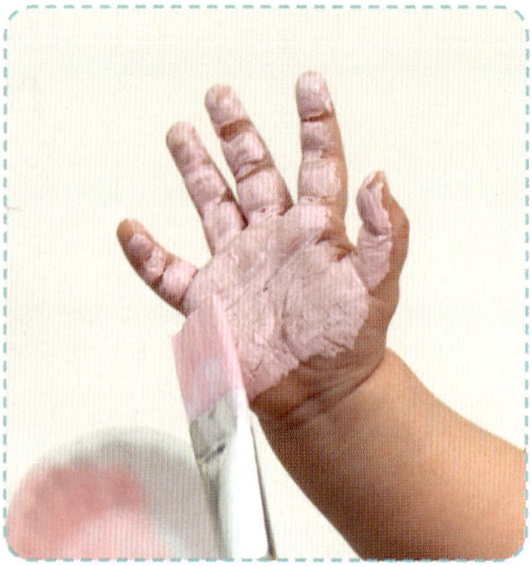

1 **Aplique a tinta** na mão do bebê com um pincel. Coloque a mão dele sobre o papel para tinta à base de água, fazendo uma leve pressão. Se necessário, repita o processo até obter uma impressão nítida da mão. Lave a mão do bebê para retirar a tinta e deixe a impressão secar.

2 **Usando estilete**, régua e base de corte, recorte o papel para que a impressão da mão fique centralizada em um quadrado. Deixe cerca de 2,5 cm de espaço em branco em torno da impressão. O quadrado de papel deve ser aproximadamente 5 cm menor que a moldura, para que o tecido forme um fundo para a impressão da mão.

3 **Corte o tecido** no tamanho do painel de trás da moldura, acrescentando cerca de 2,5 cm de todos os lados. Encape o painel de trás da moldura com o tecido excedente e prenda-o com fita-crepe.

4 **Centralize a impressão** sobre o tecido estampado, cole-a com fita adesiva dupla face e coloque o projeto final na moldura.

Móbile celeste

Simples e gracioso, esse móbile de estrelas, nuvens e lua com rosto, feito de feltro acolchoado, é um acessório clássico para o quarto do bebê. Pendure-o fora do alcance da criança, para evitar acidentes: móbiles não são brinquedos, e o bebê deve ser monitorado para evitar imprevistos.

MATERIAL ✿ papel vegetal ✿ lápis ou marcador ✿ tesoura ✿ alfinetes ✿ feltro amarelo de 30,5 cm x 43 cm ✿ feltro branco de 38 cm x 43 cm ✿ agulha de orifício grande ✿ linha de bordar amarela, branca e cinza ✿ enchimento para brinquedo ✿ armação redonda para móbile ou uma haste pintada para pendurar os enfeites

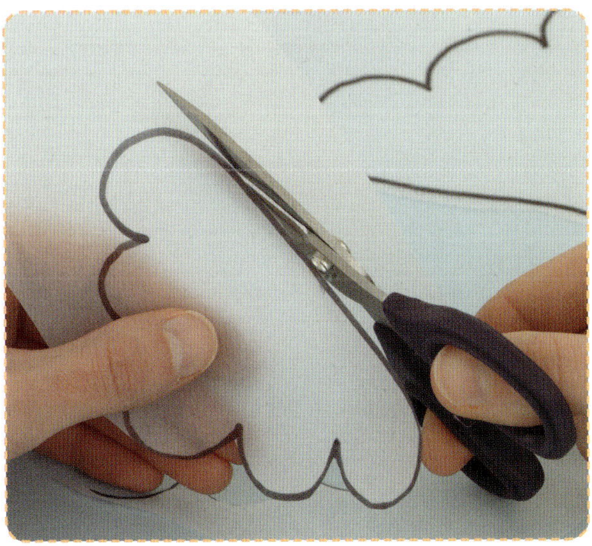

1 **Faça o traçado dos moldes** da p. 234 no papel vegetal e recorte-os para compor as peças.

2 **Una com alfinetes as peças do molde** e as peças de feltro correspondentes e corte-as. Recorte oito estrelas amarelas, duas luas brancas, seis nuvens brancas pequenas e duas grandes.

3 **Utilizando as orientações para bordar** dos moldes da p. 234, linha de bordado cinza e agulha de orifício grande, borde os traços do rosto da primeira lua. Borde uma cópia invertida do rosto na segunda lua, para formar os dois lados da face quando forem costurados.

4 **Prenda as peças de feltro em pares,** com alfinetes. O enfeite completo deverá ter uma lua, quatro estrelas, três nuvens pequenas e uma grande.

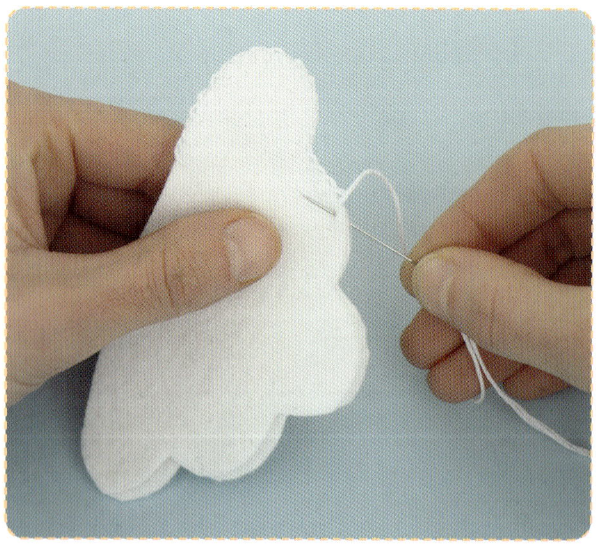

5 **Com ponto caseado** (p. 224) e fio de bordado coordenado, costure as bordas das peças, deixando uma abertura de 2,5 cm na parte de baixo de cada uma delas, para colocar o enchimento. Retire os alfinetes conforme a costura avança.

6 **Coloque enchimento** para brinquedo nas peças. Use a ponta do lápis para distribuir o enchimento por igual, até as pontas das estrelas. Costure a abertura com ponto caseado.

7 **Usando a linha branca** com um nó em uma das pontas, costure o topo de cada peça. Deixe a linha longa para pendurar os enfeites.

8 **Distribua as peças** na armação do móbile e amarre-as com firmeza. Há armações com furos em lojas de artesanato, mas pode-se usar também um galho fino pintado, para pendurar as peças. Com um fio ou fita, pendure os móbiles fora do alcance do bebê.

DICA
Esconda os nós do lado de dentro do feltro.

Colcha de patchwork

Uma colcha de bebê feita à mão é algo muito especial, que certamente pode ser aproveitado por muitos anos. Ao cortar e montar a colcha, a precisão é muito importante, para que todas as peças se encaixem perfeitamente. Use margem de costura de 5 mm em toda a peça, a menos que esteja especificado de outra forma.

MATERIAL ✿ tecidos coordenados suficientes para fazer 30 quadrados de 20 cm x 20 cm ✿ régua ✿ lápis ✿ tesoura ou cortador circular ✿ base de corte (opcional) ✿ alfinetes ✿ máquina de costura ✿ linhas das cores dos tecidos ✿ ferro de passar ✿ acolchoado interno lavável à máquina de 95 cm x 110 cm ✿ alfinetes de segurança ✿ tecido para forro de 95 cm x 110 cm ✿ agulha ✿ linha contrastante ✿ calcador de máquina de costura de cerzidura ou de movimento livre ✿ 3,5 m de fita de reforço em viés de 2,5 cm

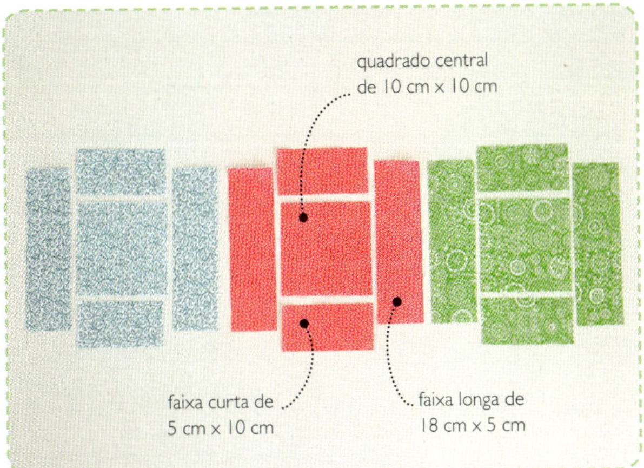

1 **Usando tesoura ou cortador circular** e base de corte, faça cinco peças com cada quadrado de tecido de 20 cm x 20 cm – um quadrado central de 10 cm x 10 cm, duas faixas curtas de 5 cm x 10 cm e duas faixas longas de 18 cm x 5 cm.

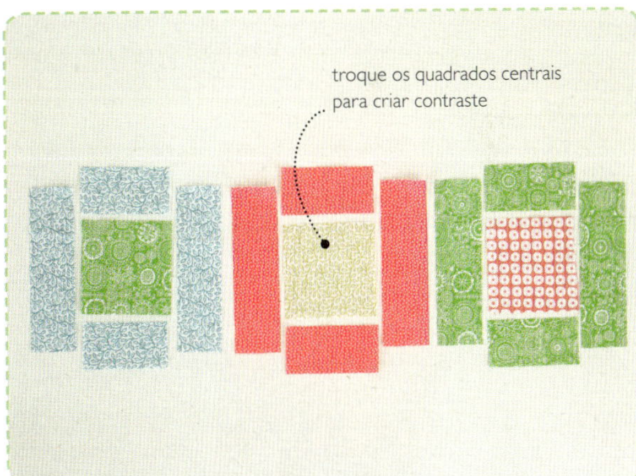

2 **Mude a posição dos quadrados centrais** para que cada quadrado da colcha acabada seja diferente. Disponha os 30 quadrados em um padrão de seis quadrados no comprimento e cinco na largura, para planejar como ficará a colcha acabada.

3 **Prenda com alfinetes uma faixa curta** em um lado do quadrado central, lado direito com lado direito. Verifique se o quadrado e a faixa estão alinhados e costure os dois com ponto reto.

4 **Prenda com alfinetes a faixa curta** no lado oposto do quadrado e costure da mesma forma. Repita os passos 3 e 4 para prender as faixas curtas em todos os 30 quadrados da colcha.

5 **Estenda os quadrados da colcha** virados para baixo e passe a ferro as margens de costura das 30 peças.

6 **Prenda com alfinetes a faixa longa** no quadrado da colcha, lado direito com lado direito, como mostrado aqui, e costure. Faça o mesmo com as outras faixas longas no lado oposto do quadrado da colcha. Repita para formar os 30 quadrados. Passe a ferro as margens de costura, como no passo 5.

7 **Com os lados direitos juntos**, prenda com alfinetes os dois quadrados de uma das fileiras de seis. Costure ao longo da borda. Acrescente outro quadrado, conferindo se está virado para o mesmo lado que o primeiro, depois outros três para formar uma faixa com seis quadrados no comprimento. Repita para formar cinco faixas de seis quadrados no total.

8 **Passe a ferro as margens de costura** da parte de trás das faixas. Prenda duas com alfinetes e vá alinhando as costuras, com os lados direitos juntos. Costure as duas faixas para uni-las. Acrescente as três restantes. A frente da colcha está pronta – um retângulo de seis quadrados por cinco de patchwork. Passe a ferro todas as margens da parte de trás.

9 **Estenda a frente da colcha com o lado direito para cima,** sobre o enchimento. Corte o enchimento deixando cerca de 7,5 cm em volta dos quatro lados da frente da colcha. Estenda o tecido do forro virado para baixo e coloque a frente da colcha e o enchimento sobre ele. Prenda as três camadas alinhadas com alfinetes de segurança, verificando se o forro está em ângulo reto com a frente da colcha, e corte o forro do mesmo tamanho que o enchimento.

10 **Usando linha contrastante**, alinhave todas as camadas, para prendê-las. É importante confirmar se as três camadas estão planas e alinhadas.

11 **Coloque o calcador de movimento livre** ou de cerzidura na máquina de costura. Com a colcha virada para cima, comece por um canto e trabalhe ao longo da borda, costurando as três camadas juntas. O padrão dos pontos pode ser o de sua preferência. Mantenha a mesma velocidade, segurando a colcha com firmeza e movimentando-a de maneira uniforme sob o calcador. Após costurar toda a frente, tire os pontos alinhavados e corte o enchimento e o tecido do forro no mesmo tamanho da frente da colcha.

12 **Comece pelo meio de um dos lados** da colcha, prenda com alfinetes a borda do reforço em viés ao longo da borda, com os lados direitos juntos, primeiro virando uma bainha pequena na ponta curta do reforço em viés. Costure a colcha e o viés juntos, deixando margem de 1 cm. Ao atingir um canto, forme um ângulo de 45 graus com o viés para ficar liso e retire a colcha sob o calcador sem cortar as linhas. Dobre o viés para cima e para a direita, formando uma dobra diagonal no canto. Mantendo essa dobra no lugar, dobre a parte de trás do viés para cima e para a esquerda. Prenda o canto com alfinetes, vire a colcha e prenda com alfinetes o debrum ao longo da próxima lateral e costure-o à colcha, como antes. Repita até que os quatro lados tenham reforço em viés.

13 **Enrole para trás o reforço em viés** em torno da borda da colcha, dobrando para baixo 5 mm da borda sem acabamento. Costure à mão o debrum apenas na parte de trás da colcha, passando a agulha para a frente e para trás. Outra opção seria costurar o debrum à máquina. Prenda com alfinetes a borda dobrada primeiro e costure à máquina com cuidado, começando pela frente, para que os pontos se acomodem na cavidade criada pela costura que prendeu o debrum no passo 12.

Coelhinho de botões

Esse trabalho artístico com botões é uma ótima maneira de decorar um quarto infantil. Para deixar a criação ainda mais especial, use botões de roupas que não servem mais no bebê.

MATERIAL ✿ estilete ✿ régua ✿ cartolina grossa ✿ papel vegetal ✿ marcador ou lápis ✿ tesoura ✿ aplicador de cola quente ✿ bastões de cola ✿ botões diversos, lantejoulas e contas ✿ moldura tipo caixa, de 22,5 cm x 22,5 cm, ou do tamanho de sua preferência

1 **Use o estilete** e a régua para cortar a cartolina que será encaixada na moldura. Com marcador ou lápis, faça o traçado do molde do coelho da p. 233 no papel vegetal e recorte-o com a tesoura. Se preferir, faça o molde com seu próprio desenho, que combine com a decoração do quarto do bebê.

2 **Centralize o molde** no pedaço de cartolina. Com o lápis, contorne-o suavemente para demarcar o desenho na cartolina.

3 **Coloque uma pequena** quantidade de cola quente no verso de um botão, lantejoula ou conta e grude-o dentro do desenho traçado. Coloque a primeira camada, composta de botões grandes, lantejoulas ou contas. Trabalhe primeiro em volta das bordas do desenho, cobrindo as linhas traçadas a lápis, à medida que avança.

4 **Depois de preencher o contorno** do desenho, acrescente a segunda camada, composta de botões médios, lantejoulas ou contas. Cubra eventuais espaços vazios da primeira camada. Continue até cobrir a maioria. Por último, preencha os vazios restantes com botões pequenos, lantejoulas ou contas. Quando terminar, encaixe o trabalho artístico na moldura.

Tapete recreativo de flor

pp. 52-5

Cabides decorados

Use esses cabides encapados com papel decorativo para exibir algumas roupas do neném. Certamente há itens especiais para deixar à mostra, como as roupinhas que o bebê usou ao sair da maternidade. Escolha cores de papel e fitas que se harmonizem com a decoração do quarto.

MATERIAL ✿ cabides de roupa de bebê brancos ✿ papel vegetal ✿ massa adesiva ✿ lápis ✿ tesoura ✿ fita adesiva ✿ papel estampado para scrapbook ✿ pincel macio ✿ cola de PVA ou para découpage diluída em água, com consistência pouco cremosa ✿ lixa de unhas ou lixa comum ✿ verniz transparente fosco ou brilhante ✿ fita (opcional)

1 **Coloque o papel vegetal** na frente do cabide e prenda-o com pingos de massa adesiva. Faça o traçado dele no papel vegetal e recorte-o. Este será o seu molde.

2 **Coloque o molde sobre** o cabide para ter certeza de que são exatamente iguais. Faça ajustes, se preciso. Quando o molde estiver do seu agrado, prenda-o com fita adesiva no lado direito do papel estampado. Faça um traçado leve do contorno com o lápis.

3 **Remova o molde** do papel estampado e, usando a tesoura, recorte o papel com cuidado.

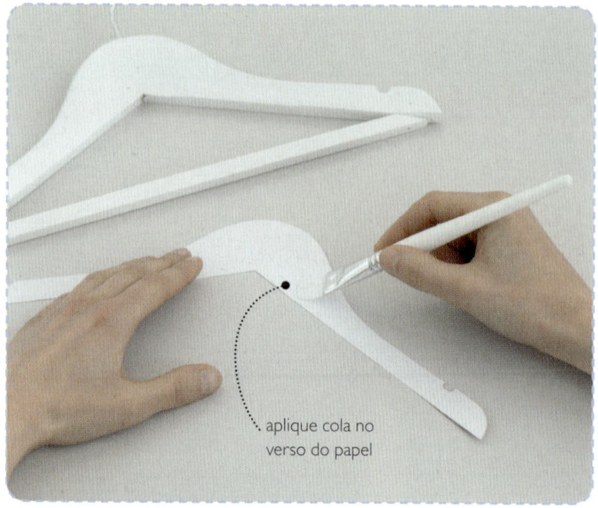

4 **Com o pincel macio**, aplique cola de PVA ou para découpage, diluída, na frente do cabide e no verso do papel estampado. Espalhe bem em ambos para que não descole depois.

5 **Coloque o papel na frente do cabide**, na posição exata. Alise-o para eliminar eventuais bolhas de ar e cubra com uma camada de cola para vedar o papel. Deixe secar. Repita na tira inferior do cabide. Se desejar, repita os passos 1–5 para decorar a parte de trás do cabide.

6 **Com lixa de unhas ou lixa comum fina**, lixe as bordas do papel com movimentos para baixo. Continue lixando até o papel se fundir ao cabide. Não se preocupe caso um pouco do papel e da estampa fiquem apagados: isso dará uma aparência levemente envelhecida ao papel.

7 **Aplique mais uma camada de cola** no papel, para vedar novamente. Dê especial atenção às bordas do papel para que não se descolem do cabide.

8 **Para proteger o papel** e dar um acabamento interessante, aplique algumas camadas de verniz transparente. Deixe cada camada secar antes de aplicar a próxima. Use verniz fosco ou brilhante, dependendo do efeito que deseja alcançar.

9 **Para criar um belo acabamento**, faça um laço com fita da mesma cor do papel, em volta do gancho do cabide. Apare as pontas, para igualar o comprimento.

DICA *Os cabides retos são bem mais fáceis de trabalhar que os curvos.*

Cobertor com ovelhas

A aplicação de ovelhas pulando a cerca nesse cobertor vai acalmar o bebê no berço. Para deixar a peça ainda mais especial, acrescente números bordados. Siga o desenho para criar o lindo cenário sugerido ou invente sua própria paisagem.

MATERIAL ✿ papel vegetal ✿ lápis ✿ tesoura ✿ alfinetes ✿ retalhos de tecido nas cores branca, creme, bege e verde, com tamanho suficiente para cobrir as peças do molde ✿ quadrados de 30 cm de feltro branco ou enchimento fino para acolchoar as peças ✿ máquina de costura com ponto zigue-zague ✿ linha branca, creme, marrom e verde ✿ 1 cobertor de lã para bebê com largura mínima de 1,55 m, na cor de sua preferência ✿ agulha ✿ linha contrastante para alinhavar ✿ linha de bordar preta ✿ agulha de orifício grande

1 **Com o lápis, faça o traçado dos moldes** fornecidos na p. 229 no papel vegetal. Recorte os moldes.

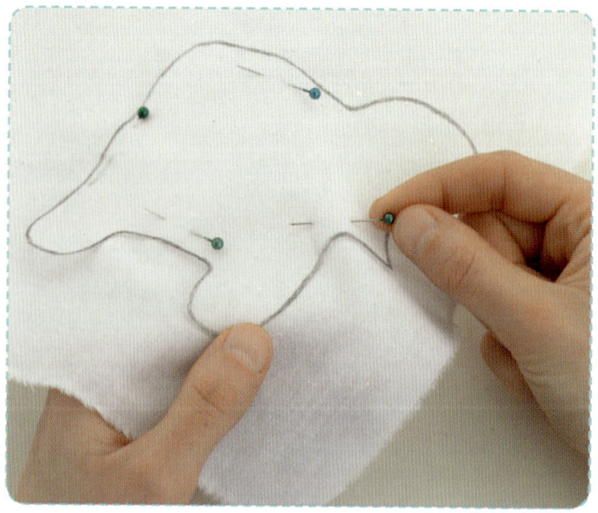

2 **Passe os tecidos** e prenda os moldes pelo avesso, unindo o molde com o tecido escolhido para a peça. Em nosso desenho, algumas ovelhas estão de costas para as outras. Para fazer assim, vire o molde antes de prendê-lo com alfinetes ao tecido.

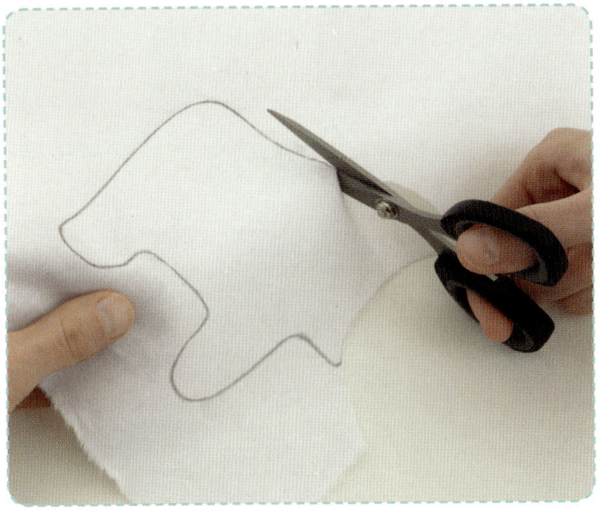

3 **Faça o tracejado do contorno dos moldes** com lápis, para transferir o desenho ao tecido. Retire os alfinetes e os moldes e corte as peças de tecidos.

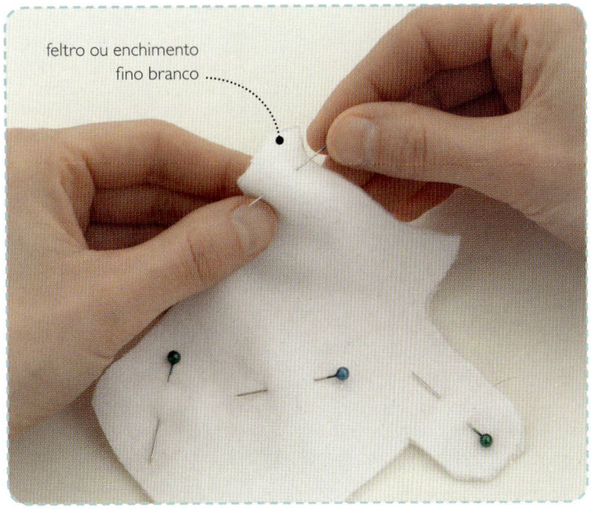

4 **Para acolchoar as peças**, corte o enchimento escolhido no formato da peça de tecido, como mostrado aqui. Prenda o enchimento com alfinetes, no lado avesso do tecido. Se for muito trabalhoso dessa forma, corte o enchimento um pouco maior em todo o contorno.

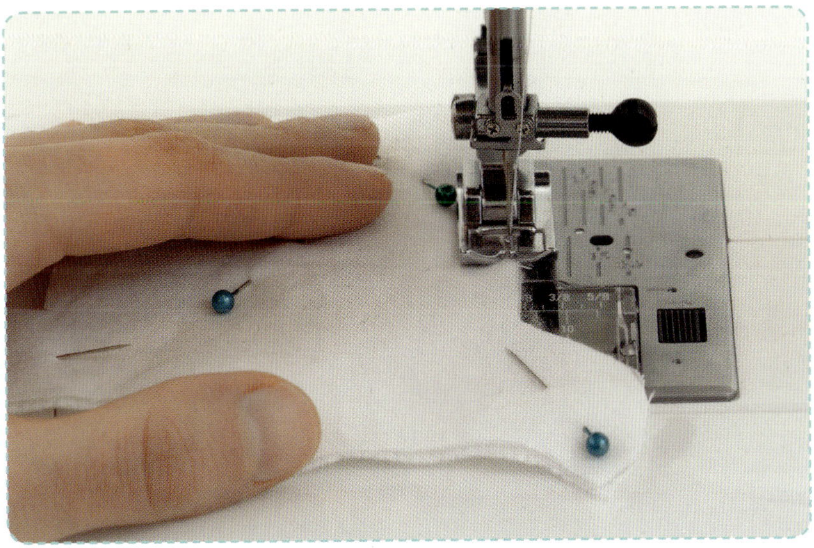

5 **Coloque a linha na máquina e no carretel,** usando uma cor que combine com o tecido. Com ponto reto, costure em volta do tecido e do enchimento, perto da borda, para unir as duas camadas. Retire os alfinetes. Se estiver trabalhando com o enchimento um pouco maior, apare o excesso.

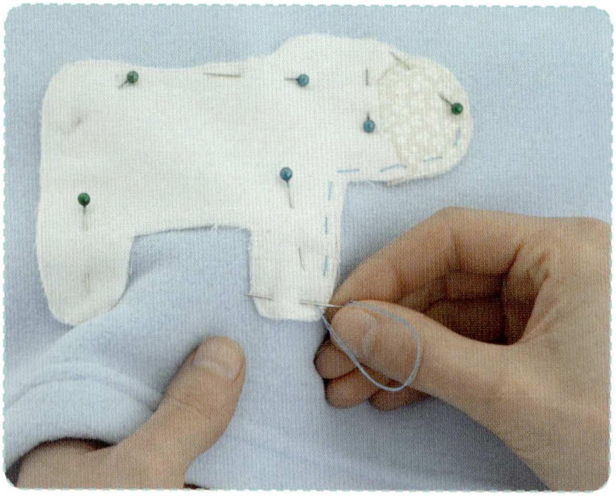

6 **Seguindo a orientação para as posições** na p. 229, disponha as peças de tecido sobre o cobertor. Quando definir a posição, prenda as peças com alfinetes, encaixando a face das ovelhas no corpo. Deixe as orelhas para o próximo passo. Com agulha e linha contrastante, alinhave as peças no cobertor. Retire os alfinetes.

7 **Coloque a linha na máquina e no carretel,** usando uma cor que combine com a primeira peça de tecido. Ajuste a máquina de costura para dar ponto zigue-zague largo, com comprimento de ponto curto de 0-1, de modo a criar um ponto cheio fechado. Costure todas as peças que requerem a mesma cor de linha. Alinhave e dê ponto zigue-zague nas orelhas da ovelha depois de terminar o corpo e a face de cada uma. Coloque a próxima cor de linha na máquina e no carretel e costure as peças que requerem essa cor. Repita o processo até afixar todas as peças de tecido com as cores correspondentes.

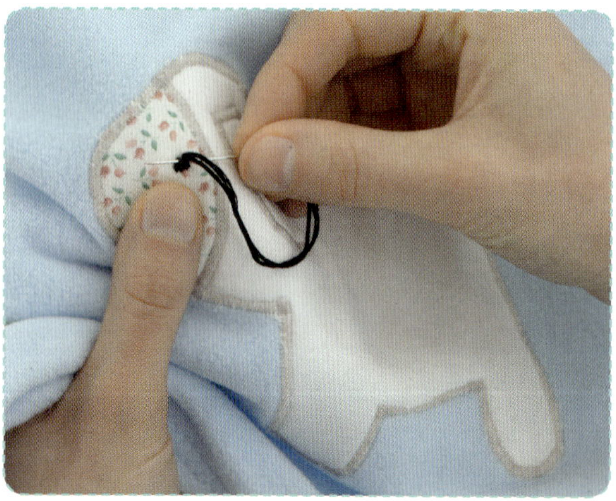

8 **Corte eventuais pontas soltas** de linha e remova os pontos alinhavados. Coloque a linha de bordar preta na agulha de orifício grande e borde alguns pontos para criar o olho das ovelhas.

Bandeirinhas coloridas

As bandeirinhas são uma forma rápida e divertida de decorar o quarto infantil ou uma festa de aniversário. Mas lembre-se de pendurá-las a uma altura fora do alcance de bebês e crianças pequenas. As instruções a seguir são para 3 metros de bandeirinhas.

MATERIAL ✿ papel vegetal ✿ lápis ✿ tesoura ✿ seleção de tecidos coordenados de 17 cm x 22 cm, suficientes para 26 bandeiras ✿ alfinetes ✿ máquina de costura ✿ linha branca ✿ tesoura de picotar ✿ 3 m de reforço em viés de 2,5 cm na cor de sua preferência ✿ linha que combine com o reforço em viés

1 **Faça o traçado do molde de bandeira** da p. 237 no papel vegetal e recorte-o.

2 **Prenda o molde ao tecido** com alfinetes, conferindo se as estampas do tecido estão retas e centralizadas. Recorte a bandeira. Repita até ter cortado 26 bandeiras em tecidos diversos.

3 **Junte duas bandeiras** de tecidos diferentes para formar 13 pares de estampas diversas. Prenda cada par com alfinete, lados avessos juntos.

4 **Coloque a linha branca** na máquina e no carretel. Com ponto reto e margem de costura de 1 cm, costure os dois lados compridos de cada par de bandeiras. Repita nos 13 pares.

5 **Use tesoura de picotar** para aparar o tecido ao longo das laterais costuradas, perto da borda. Tome cuidado para não cortar os pontos. Estenda as bandeiras da forma que ficarão expostas no cordão. Evite colocar estampas iguais juntas.

6 **Dobre o reforço em viés ao meio**. Deixando 7,5 cm de debrum livre em uma ponta, insira a primeira bandeira dentro do reforço em viés dobrado. Prenda no lugar com alfinetes, verificando se ela está reta em relação à dobra do reforço. Meça 5 cm a partir da ponta da primeira bandeira, depois prenda a segunda com alfinetes. Repita, trabalhando ao longo do reforço em viés, até prender todas.

7 **Corte a outra ponta** do reforço em viés para deixar 7,5 cm livres. Coloque na máquina e no carretel uma linha que combine com o viés. Começando por uma ponta do debrum, dê pontos retos ao longo da borda que não está dobrada, costurando as bandeiras no lugar juntamente com o reforço em viés dobrado. Tire os alfinetes conforme a costura avança.

Pinguins para o banho

Deixe a hora do banho divertida com essa dupla de pinguins. Para fazer o brinquedo, compre enchimento lavável à máquina, assim o bichinho também poderá dar um mergulho na banheira.

MATERIAL ✿ papel vegetal ✿ lápis ✿ tesoura ✿ 1 toalha de banho de no mínimo 70 cm x 1,30 m ✿ 2 toalhas de rosto brancas, de no mínimo 30 cm x 30 cm cada ✿ 1 toalha de rosto creme ou verde-limão, de no mínimo 30 cm x 30 cm ✿ retalhos de tecido preto ou azul-marinho para os olhos ✿ alfinetes ✿ máquina de costura com ponto zigue-zague ✿ linha branca ✿ linha azul-clara ✿ 4 m de reforço em viés de 2,5 cm ✿ linha que combine com a toalha ✿ linha creme ou verde-limão ✿ um prato de sobremesa ou tigela pequena ✿ giz de alfaiate ✿ enchimento para brinquedo lavável à máquina ✿ agulha

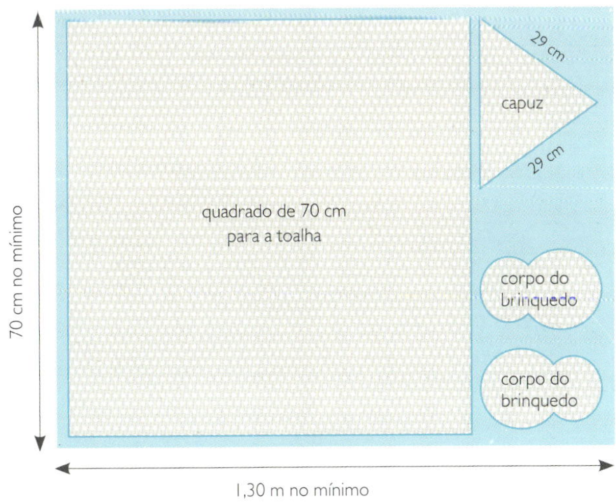

1 **Faça o traçado e recorte os moldes** da p. 232. Estenda a toalha e corte as peças no tamanho correto, como mostrado no diagrama acima.

2 **Corte o rosto do pinguim** e as peças para a barriga das toalhas brancas e as peças para o bico da toalha creme ou verde-limão. Para os olhos, corte dois círculos de 3 cm e dois círculos de 2 cm do tecido preto ou azul-marinho.

Toalha com capuz de pinguim

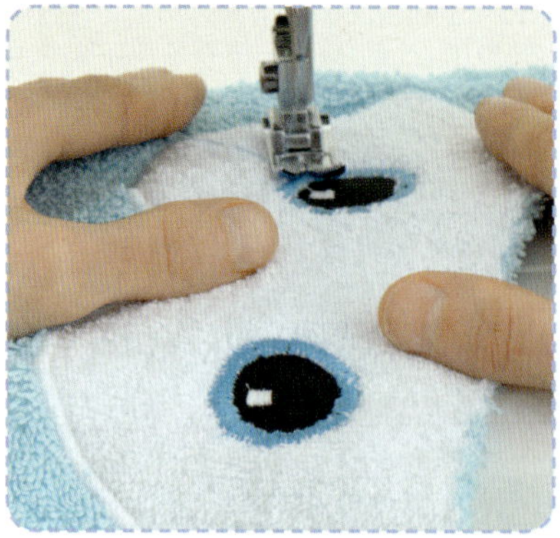

1 **Começando com a toalha** de pinguim, coloque o rosto e os olhos maiores no capuz. Prenda no lugar com alfinetes. Com linha branca e ponto reto, costure à máquina em volta das bordas do rosto e dos olhos para prendê-los no lugar. Retire os alfinetes.

2 **Ajuste a máquina de costura** para dar ponto zigue-zague largo, com comprimento de ponto curto de 0-1. Costure em volta das bordas do rosto com linha branca, depois faça um pequeno realce em zigue--zague nos olhos. Troque a linha para azul-clara e faça o zigue-zague em volta de cada olho.

3 **Corte um pedaço de reforço em viés** para colocar ao longo da borda inferior. Prenda no lugar com alfinetes, lados direitos juntos. Usando uma linha que combine e ponto reto, costure o reforço à máquina, a cerca de 1 cm da borda inferior. Retire os alfinetes.

4 **Dobre o reforço em viés** para a parte de trás do capuz. Prenda com alfinetes, verificando se a borda superior está dobrada para dentro. Costure à máquina ao longo da borda. Retire os alfinetes.

5 **Prenda com alfinetes as duas peças do bico.** Com margem de costura de 1 cm e linha da mesma cor, costure ao longo dos dois lados, deixando o topo aberto. Vire para o lado direito.

6 **Prenda o bico ao rosto com alfinetes**, por cima do reforço em viés. Com a mesma linha, dê pontos retos no topo do bico para prendê-lo. Retire os alfinetes. Em seguida, como no passo 2, programe a máquina para ponto zigue-zague largo. Costure ao longo da borda superior do bico. Reforce dando pontos pela segunda vez se na primeira eles não ficarem compactos o suficiente.

7 **Coloque o capuz em um canto** do quadrado da toalha e prenda com alfinetes ao longo das duas bordas externas.

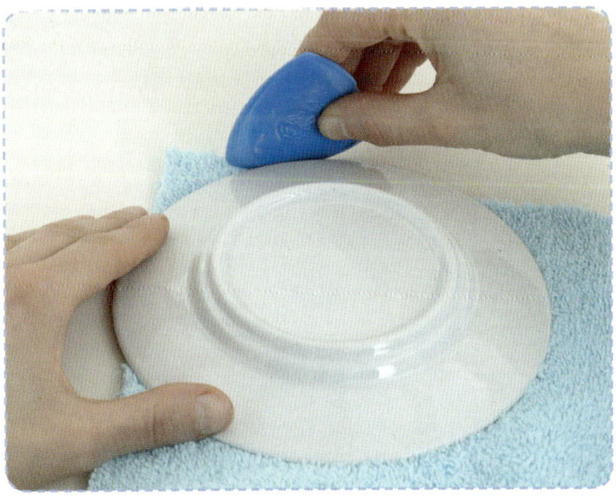

8 **Use um prato de sobremesa ou uma tigela pequena** e giz de alfaiate para marcar e arredondar os quatro cantos da toalha, inclusive o canto com capuz. Verifique se os quatro cantos estão marcados com a mesma curvatura. Prenda novamente o capuz com alfinetes para acomodar a curva e corte ao longo das marcações para formar os quatro cantos arredondados.

9 **Coloque linha na máquina e no carretel** de uma cor que combine com a toalha e programe a máquina para ponto reto. Costure em torno das bordas externas do capuz para prendê-lo à toalha. Retire os alfinetes. Por último, repita os passos 3 e 4, para acrescentar o reforço em viés nas quatro bordas da toalha.

Pinguim atoalhado

1 **Para fazer o pinguim atoalhado**, pegue uma das peças do corpo e centralize as peças brancas do rosto e da barriga sobre ele. Prenda no lugar com alfinetes. Posicione e prenda com alfinetes os olhos menores e o bico.

2 **Com ponto reto**, costure perto da borda, em volta das peças do rosto e da barriga e em torno dos olhos e do bico, para prendê-los no lugar. Retire todos os alfinetes.

3 **Ajuste a máquina de costura** para dar ponto zigue-zague largo, com comprimento de ponto curto de 0-1. Coloque linha branca na máquina e no carretel. Dê ponto zigue-zague em volta do rosto e da barriga e para criar um pequeno detalhe em cada olho. Troque a linha para azul-clara e faça o zigue-zague em volta de cada olho. Por último, mude para linha verde-limão ou creme e faça o zigue-zague em volta do bico.

4 **Coloque as duas partes do corpo** com os lados direitos juntos e prenda com alfinetes. Coloque linha na máquina e no carretel de uma cor que combine com a toalha e reprograme a máquina para dar ponto reto com largura e comprimento normais. Usando margem de costura de 1 cm, costure em volta das bordas, deixando uma abertura de cerca de 5 cm na parte inferior.

5 **Corte rente à margem de costura** para reduzir o volume e deixar as curvas mais delicadas.

6 **Vire o brinquedo para o lado direito** e coloque o enchimento até ficar firme. Costure à mão a abertura, na parte inferior do brinquedo, com uma cor de linha que combine.

Colcha de patchwork

pp. 22-7

Tapete recreativo de flor

Faça um tapetinho confortável e colorido para a hora das brincadeiras. Use tecidos claros, com cores contrastantes, para chamar a atenção da criança. Antes de cortar, lembre-se de lavar os tecidos para evitar que encolham depois.

MATERIAL ✿ papel vegetal ✿ lápis ✿ tesoura ✿ alfinetes ✿ 14 retalhos de tecido para as pétalas, com no mínimo 20 cm x 38 cm cada ✿ 2 peças principais de tecido com estampas diferentes, com 70 cm x 70 cm cada ✿ régua com comprimento de no mínimo 33 cm ✿ giz de alfaiate ✿ máquina de costura ✿ linha de cor que combine com os tecidos ✿ tesoura de picotar ✿ enchimento lavável para brinquedo ✿ 14 apitos laváveis, sinos, chocalhos, pedaços de papel celofane ou outros tipos de brinquedos (opcional) ✿ 2 peças de acolchoado quadrado, cada uma com 70 cm ✿ agulha

1 **Faça o traçado do molde** da p. 233 no papel vegetal e recorte-o. Prenda com alfinetes o molde à peça de tecido e recorte-o. Repita, cortando duas pétalas de cada um dos 14 retalhos de tecido para completar 28 pétalas.

2 **Corte um círculo com diâmetro de 63 cm** em uma das peças do tecido principal. Para fazer isso, marque o centro do tecido com giz pelo avesso, meça e marque um ponto a 32 cm da primeira marcação. Continue em sentido horário, medindo e marcando até completar o círculo, depois corte. Corte um círculo igual com a outra peça do tecido principal.

3 **Junte duas pétalas** de tecidos diferentes com os lados direitos juntos e prenda cada par com alfinetes. Com ponto reto à máquina e linha que combine, deixando margem de costura de 1 cm, costure a borda arredondada de cada par. Deixe a borda reta aberta. Com tesoura de picotar, ajuste a margem de costura para 5 mm.

4 **Vire cada pétala para o lado direito e passe a ferro.** Estenda um dos círculos do tecido principal, com o lado direito para cima. Distribua as pétalas em volta do círculo, da forma que ficarão no tapete acabado. Evite que pétalas da mesma estampa fiquem ao lado uma da outra. Coloque um pouco de enchimento em cada pétala. Se desejar, insira um apito ou outro brinquedo.

5 **Distribua as pétalas com enchimento** em volta do círculo, com as bordas retas e abertas viradas para fora. Prenda cada pétala com alfinetes em torno do círculo, deixando suas bordas alinhadas com a borda do círculo.

6 **Costure à máquina em volta da borda do círculo** para prender as pétalas. Deixe uma margem de costura de 1 cm. Retire os alfinetes. Dê piques rentes à margem de costura, usando a tesoura para suavizar a curva em volta do círculo, mas não corte os pontos.

7 **Estenda o segundo círculo do tecido principal**, com o lado direito para baixo, em cima das pétalas. Prenda todas as camadas com alfinetes, deixando as pétalas entre o círculo de baixo e o de cima. Verifique se as bordas estão alinhadas.

8 **Deixando uma margem de costura de 1 cm**, costure em volta da borda para prender todas as camadas juntas. Esse método prende as pétalas com mais firmeza e deve cobrir a costura que foi feita no passo 6. Deixe uma abertura com largura de aproximadamente uma pétala nessa última costura.

9 **Pela abertura, vire o tapete para o lado direito.** Meça o diâmetro do círculo central e corte duas peças de enchimento acolchoado para caber dentro do círculo, usando a técnica do passo 2. O círculo deve ter diâmetro de cerca de 61 cm.

10 **Centralize as duas peças** do acolchoado, uma sobre a outra, e insira-as pela abertura no tapete. Verifique se o acolchoado não está grande demais e amontoado, nem pequeno demais, com espaços vazios dentro e nas bordas do tapete.

11 **Vire para baixo da borda não acabada** do tecido na abertura e prenda no lugar com alfinetes, por cima das pétalas. Costure à máquina para fechar a abertura. Meça e marque um círculo suavemente com o giz, 2,5 cm para dentro da borda do círculo central.

12 **Costure à máquina** ao longo dessa linha para prender o acolchoado na posição, dentro do tapete. Meça e marque o centro do tapete e dê alguns pontos à mão para prender todas as camadas juntas no centro.

Móbile com bichinhos

Essa turminha adorável vai distrair seu bebê durante a troca de fraldas. Lembre-se de pendurar os bichinhos fora do alcance da criança. Como os móbiles não são brinquedos, o bebê deve ser monitorado quando estiver perto de um deles.

MATERIAL ✿ papel vegetal ✿ lápis ou marcador ✿ tesoura ✿ um galho seco e leve ✿ pincel (opcional) ✿ tinta branca ou da cor de sua preferência (opcional) ✿ alfinetes ✿ retalhos de feltro cinza, creme, branco, bege, vermelho, azul, preto, marrom, verde-claro e verde-escuro ✿ pequenos retalhos de tecido para as roupas dos bichinhos ✿ agulha ✿ várias linhas de cores que combinam e contrastam ✿ enchimento para brinquedo ✿ perfurador ✿ pedaços de papel branco ✿ fita (opcional)

1 **Faça o traçado dos moldes** das pp. 230-1 no papel vegetal e recorte-os para compor as peças. Corte o galho e, se desejar, pinte-o da cor de sua preferência e deixe secar. Aplique quantas camadas de tinta forem necessárias.

2 **Una com alfinetes os moldes**, feltros e tecidos. Dessa composição, recorte todas as peças. Use a foto da página ao lado e os moldes para se orientar em relação às cores de cada peça.

3 **Borde um olho** em cada elefante com linha contrastante, depois costure as orelhas com linha de uma cor que combine. Utilize as instruções da p. 59 para fazer os outros bichinhos.

4 **Faça uma cópia invertida** dos traços do rosto e do corpo da segunda parte de cada animal para obter os traços corretos quando costurar as duas partes juntas.

5 **Com ponto caseado** (p. 224), costure unindo as metades do corpo e deixe uma pequena abertura para inserir o enchimento.

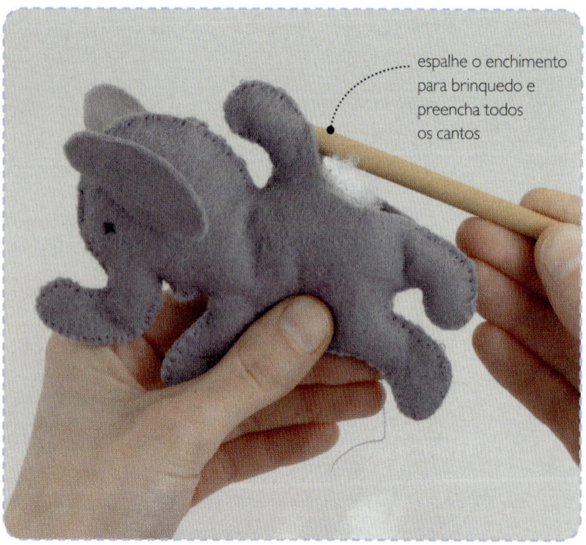

6 **Coloque um pouco** de enchimento no animal, sem estufá-lo. Use a ponta do lápis para espalhá-lo nos cantos. Quando terminar de colocar o enchimento, costure a abertura com ponto caseado.

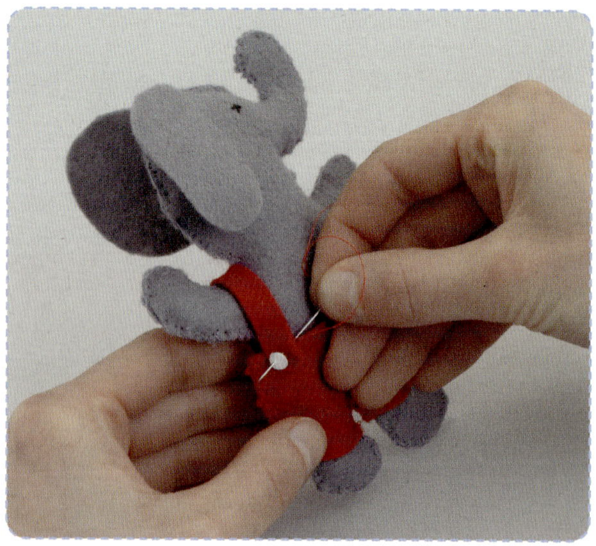

7 **Prenda a roupa do elefante** nas laterais e na parte interna da perna. Estique a roupa no corpo. Prenda as alças na frente e atrás e termine costurando um círculo branco, feito com o perfurador de papel, para os botões. Utilize as instruções da página ao lado para fazer os outros bichinhos.

8 **Com linha branca e agulha,** dê uma laçada no topo da cabeça de cada bichinho, para poder pendurá-los. Diversifique o comprimento para que os animais fiquem pendurados em alturas diferentes.

9 **Quando o galho estiver seco, coloque os animais nele**. O peso deve ser distribuído de maneira uniforme para o galho ficar reto. Para mantê-los no lugar, eles devem dar uma volta sobre o galho e depois passar por dentro da linha. Pendure o móbile fora do alcance do bebê.

COMO COSTURAR OS ANIMAIS

Raposa: Borde o molde da camisa. Aplique as partes do rosto e o rabo branco ao corpo; borde o rosto. Costure as metades do corpo juntas e coloque enchimento. Costure a abertura frontal da camisa, coloque-a em torno da frente do corpo e costure a fenda de trás para fechá-la. Costure os braços e coloque enchimento neles; coloque um braço em cada lado do corpo e prenda no topo.
Girafa: Aplique as pintas, borde os olhos e costure as metades para juntar o corpo. Costure a abertura traseira do vestido, depois faça a bainha das bordas inferior e superior, deixando pontas longas de fio no topo. Coloque o vestido no corpo da girafa e puxe as pontas do fio para franzi-lo em volta do corpo; alinhave no lugar. Costure os braços e coloque enchimento neles; coloque um braço em cada lado do corpo, sobre o vestido. Costure um chifre em cada lado da cabeça; costure uma orelha ao lado de cada chifre.
Esquilo: Borde um olho em cada lado da cabeça; costure o corpo e coloque enchimento. Costure a abertura frontal da camisa, coloque-a em torno da frente do corpo e costure a fenda de trás para fechá-la. Costure os braços e coloque enchimento neles; aplique um braço em cada lado do corpo. Por último, prenda uma orelha em cada lado da cabeça.
Gato: Aplique as listras e o nariz, depois borde o rosto. Costure o corpo com ponto reto. Costure a abertura frontal da calça e coloque-a no corpo; costure a virilha e as aberturas de trás, deixando uma abertura para o rabo.
Burrinha: Costure as partes do nariz e borde os olhos. Costure o corpo com ponto reto para uni-lo, encaixando a crina entre as metades. Prenda as orelhas: costure a abertura traseira da saia; faça a bainha das bordas inferior e superior, deixando pontas longas de fio no topo. Coloque a saia na burrinha e puxe as pontas da linha para franzi-la em volta do corpo; alinhave no lugar. Costure a peça do focinho com o cabresto na parte inferior, depois deslize-a em volta do focinho. Posicione e costure um lado do cabresto, acrescentando um círculo de papel perfurado para depois ser o botão; passe o cabresto para o outro lado e aplique-o da mesma forma.

Calço de casinha para porta

Prática e graciosa, essa casinha cheia de detalhes pode ser usada como calço de porta ou suporte para livros. Copie o desenho de forma idêntica usando os moldes fornecidos no final do livro ou escolha suas próprias cores, bordados e apliques de feltro.

MATERIAL ✿ 1 caixa de papelão de suco vazia e limpa, de cerca de 17 cm x 10 cm x 7 cm ✿ tesoura ✿ lápis ou marcador ✿ régua ✿ cerca de 500 g de lentilha crua ✿ enchimento para brinquedo ✿ fita-crepe ✿ papel ✿ feltro nas cores azul-claro, roxo-claro, roxo-escuro, verde em diferentes tonalidades, marrom, ocre, bege, cinza, rosa, vermelho, laranja e amarelo ✿ papel vegetal ✿ agulha para bordar ✿ linha para bordar branca e nas cores dos feltros ✿ alfinetes

1 **Corte o topo da caixa** de suco com a tesoura e descarte essa parte.

2 **Considerando a borda cortada como o topo**, meça e marque 4 cm a partir de cada um dos quatros cantos. Corte ao longo de cada canto da caixa nos pontos marcados, para criar quatro abas.

3 **Dobre as abas mais longas** para dentro, de modo que se unam no centro da caixa. Marque com lápis o ângulo das abas mais longas no local em que elas encostam nas mais curtas, criando a linha do telhado.

4 **Corte ao longo das** linhas angulares para formar o triângulo do telhado.

5 **Encha a caixa** com lentilhas cruas até a linha da dobra das duas abas mais longas. Isso deixará o calço para porta pesado.

6 **Acrescente o enchimento por cima das lentilhas**, para preencher o espaço vazio do telhado. Dobre as abas mais longas para unir o triângulo e prenda-as no lugar com fita-crepe. Cubra todos os espaços para que as lentilhas não caiam da caixa.

7 **Coloque os lados da casa de pé** sobre um pedaço de papel e desenhe o contorno de cada lado, deixando espaço entre os esboços. Esses serão os moldes para cortar o feltro que vai cobrir a casa.

8 **Acrescente 5 mm em torno de cada esboço** para as margens de costura. Recorte os moldes, incluindo as margens de costura.

9 **Una com alfinetes os moldes** e as peças e corte-os. As peças devem abranger a frente e os fundos da casa, duas laterais e uma base em feltro azul-claro e duas peças para o telhado em feltro roxo-escuro.

10 **Faça o tracejado das pp. 246-7** no papel vegetal e recorte as peças para criar os moldes dos detalhes da casa. Una com alfinetes os moldes e as peças de feltro correspondentes e corte-os. Corte também faixas de 30 cm x 1 cm de feltro vermelho, laranja, amarelo, verde, azul e roxo, uma de cada cor, e uma faixa de 30 cm x 3,5 cm de feltro roxo-escuro, como mostrado acima.

11 **Usando as orientações de pontos** dos moldes e as cores apropriadas, borde os detalhes nos vários desenhos de feltro.

12 **Aplique os desenhos** nas laterais, na frente, nos fundos e no telhado da casa usando os moldes e os pontos de bordado das pp. 224-5 como exemplo.

13 **Dê pontos espaçados** em toda a porta da casinha, como mostra a foto. Então, borde as flores.

14 **Para fazer a alça de arco-íris**, una as faixas vermelha e laranja com ponto caseado.

15 **Vire as faixas unidas** do outro lado e estique-as suavemente para ficarem retas; junte a faixa amarela. Repita os passos 14 e 15, costurando as faixas verde, azul e roxa.

16 **Costure o arco-íris** finalizado à faixa mais larga de feltro roxo-escuro, também com ponto caseado. Costure toda a extensão das quatro bordas com ponto caseado.

17 **Junte uma lateral** da casa com a frente em ponto caseado. Continue unindo as outras peças, inclusive as partes do telhado, até tudo, exceto a base da casa, estar fixado.

18 **Prenda a decoração em concha** ao cume, ao triângulo e às bordas inferiores do telhado; costure a alça do arco-íris no topo de cada lateral da casinha.

19 **Cubra cada ponta da alça** com uma nuvem cinza; primeiro prenda a nuvem com alfinetes, depois costure-a com ponto caseado.

20 **Coloque a caixa de suco com peso** dentro da casinha de feltro.

21 **Prenda a base de feltro** com ponto caseado para finalizar a casa.

Manta estrelada

Personalize uma peça comprada, como uma manta de bebê, para dar um toque especial. As estampas com carimbo de borracha são fáceis de fazer e, depois de feita a primeira, é possível usá-la inúmeras vezes. Se preferir, adapte a técnica a seguir para fazer seu próprio desenho com carimbo.

MATERIAL ✿ lápis ✿ régua ✿ papel vegetal ✿ placa de borracha de 8 cm x 8 cm ✿ fita-crepe ✿ espátula para trabalhos artísticos (opcional) ✿ goiva de corte em V pequena, de borracha ou linóleo ✿ goiva de corte em U grande, de borracha ou linóleo ✿ rolo de pintura pequeno de espuma ✿ tinta para tecido ✿ manta ou cueiro lisos ✿ ferro de passar (opcional)

1 **Usando lápis e régua**, faça o traçado do molde de estrela da p. 241 no papel vegetal.

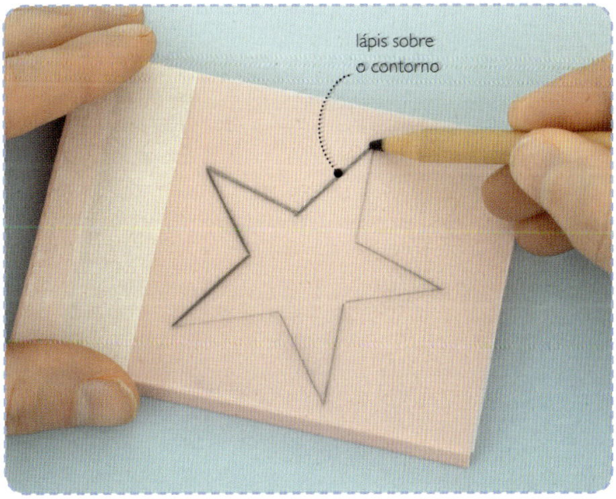

2 **Estenda o papel vegetal** sobre a placa do carimbo de borracha com as linhas contornadas a lápis viradas para baixo. Prenda o papel vegetal com fita-crepe. Contorne as linhas com o lápis para transferir o desenho para a placa do carimbo de borracha. Ou transfira o desenho, raspando-o com a espátula ou com o dedo.

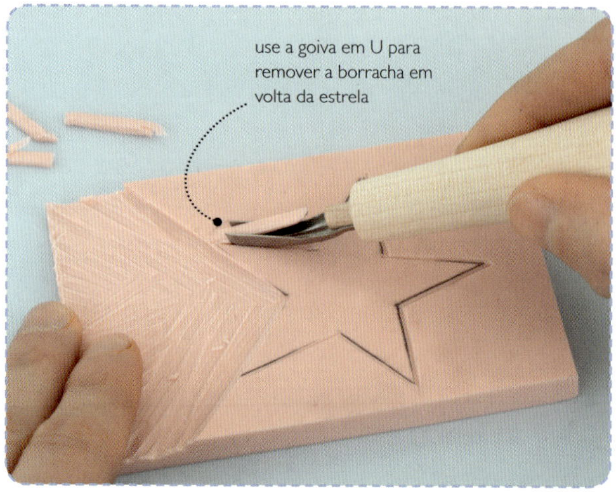

3 **Remova o papel vegetal** da placa do carimbo de borracha e, em seguida, use a goiva pequena em V para goivar o contorno da estrela. Para maior segurança e precisão, mantenha a goiva parada e movimente a placa de borracha.

4 **Depois de goivar o contorno**, use a goiva em U para retirar o excesso de borracha em volta da estrela, deixando a estrela intacta. Agora o carimbo de borracha em forma de estrela está pronto.

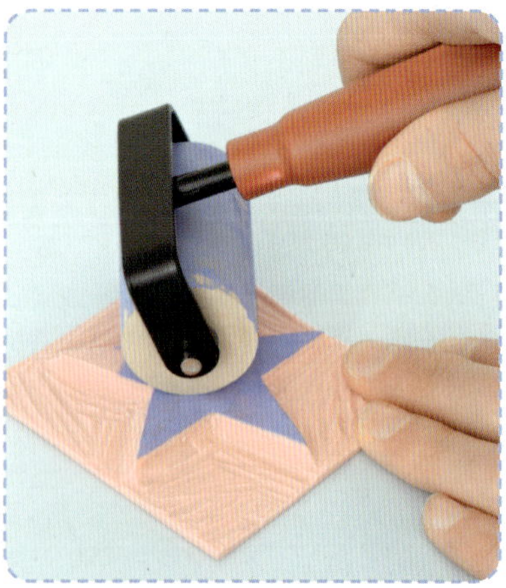

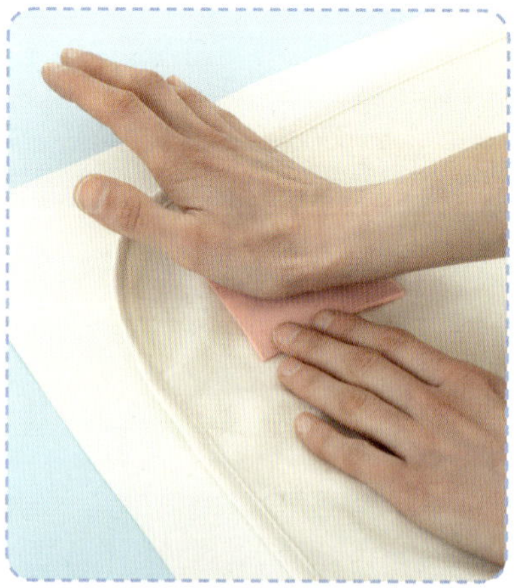

5 **Usando o rolo de pintura**, aplique a tinta de tecido no carimbo. A tinta deve ser espalhada de modo uniforme.

6 **Estenda a manta** em uma superfície plana com o lado direito virado para cima, sobre folhas de papel ou outro material que proteja a base. Coloque o carimbo sobre a manta e aperte-o bem, aplicando pressão firme e uniforme.

7 **Levante o carimbo com cuidado** e repita os passos 5 e 6, posicionando cada estrela de acordo com seu desenho. Reaplique a tinta no carimbo após cada aplicação. Fixe a tinta de acordo com as instruções do fabricante, geralmente passando a ferro.

DICA *Lave e seque o tecido pintado de acordo com as instruções do fabricante de tinta.*

Moldura com listras

Crie um porta-retratos personalizado para o quarto do bebê com um desenho geométrico simples. Essa técnica fácil requer apenas tinta e fita-crepe.

MATERIAL ✿ porta-retratos de madeira na cor de sua preferência ✿ fita-crepe ✿ lixa fina ✿ 2 cores de tinta acrílica ✿ pincel ✿ estilete ✿ base de corte ✿ régua ✿ fita (opcional)

1 **Retire a parte de trás** da moldura e o vidro, ou proteja-o da tinta com fita-crepe. Lixe suavemente a frente da moldura para ajudar na absorção da tinta e pinte-a na cor de sua preferência. Aplique duas ou três demãos, deixando a tinta secar antes da próxima.

2 **Use fita-crepe para criar a listra** com a segunda cor de tinta. Corte a fita-crepe com estilete na largura e comprimento necessários para caber na moldura. Faça o desenho sobre a base de corte, usando as marcações da régua para guiá-la.

3 **Com a fita-crepe** cortada nos tamanhos necessários, descole as fitas da base de corte e transfira o desenho para a moldura. Verifique se as bordas da fita estão bem grudadas, para que a tinta não penetre embaixo.

4 **Pinte as listras** com a segunda cor de tinta. A tinta deve cobrir as áreas que estão sem fita-crepe. Quando esta demão estiver seca, aplique outra, para que a pintura fique uniforme e fosca e não haja nenhuma área em que a primeira cor transpareça.

5 **Quando a tinta estiver completamente seca**, remova a fita-crepe para revelar o desenho. Coloque a foto do bebê na moldura e, se desejar, pendure o porta-retratos com uma fita que combine com as listras.

Bandeirinhas coloridas pp. 40-3

Almofada de coruja

Essa pequena almofada vai alegrar qualquer espaço. Com os olhos de botão, a coruja não pode ser usada como brinquedo; se quiser deixar o bebê brincar com ela, borde os olhos e não coloque botões.

MATERIAL ✿ lápis ou marcador ✿ papel de seda ou papel vegetal ✿ tesoura ✿ alfinetes ✿ tecido para o corpo de 35 cm x 60 cm ✿ tecido estampado de 20 cm x 20 cm para as asas ✿ tecido cinza de 5 cm x 10 cm para os olhos ✿ tecido branco de 11 cm x 21 cm para o rosto ✿ tecido estampado de 8 cm x 6 cm para o nariz ✿ ferro de passar ✿ giz de alfaiate ✿ régua ✿ 1 m de sianinha ✿ máquina de costura com ponto zigue-zague ✿ linhas de cores que combinem com olhos, boca, máscara e asas ✿ 2 botões de 2 cm ✿ linha da cor dos botões ✿ agulha ✿ enchimento para brinquedo

1 **Amplie os moldes** da p. 239 para o tamanho especificado. Faça o traçado deles no papel de seda ou vegetal e corte-os para formar as peças do molde.

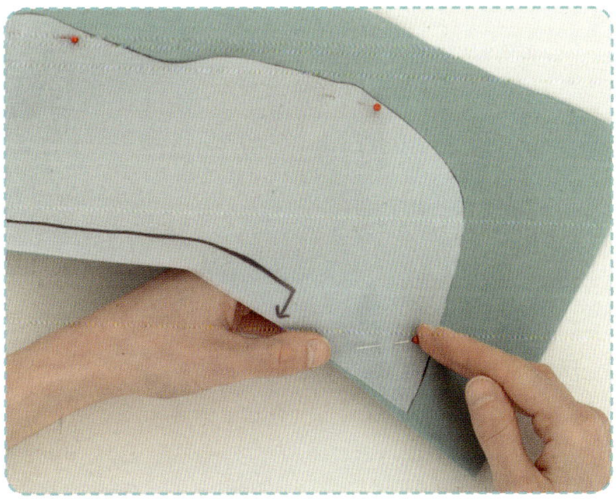

2 **Prenda com alfinetes as peças do molde** e os tecidos correspondentes, lembrando-se de colocar as marcas de dobra, indicadas nos moldes com setas, ao longo de uma dobra no tecido. Corte em volta das peças do molde, retire os alfinetes para separá-las dos tecidos e desdobre-os. Passe as peças de tecido a ferro.

3 **Use o giz de alfaiate** e uma régua para traçar seis linhas paralelas na barriga da coruja, entre as asas. Dê um espaço de 2,5 cm entre as linhas.

4 **Aplique a sianinha** em cima das linhas traçadas com giz (até as asas da coruja). Prenda as tiras de sianinha com alfinetes, verificando se estão retas.

5 **Coloque linha na máquina** de cor que combine com a sianinha e costure com ponto reto no centro de cada tira. Tire os alfinetes conforme a costura avança.

6 **Prenda as asas** no lugar com alfinetes dos dois lados da barriga, sobrepondo as pontas da sianinha. Costure em volta das bordas de cada asa com ponto reto.

7 **Com duas linhas na máquina**, de cores complementares e com ponto zigue-zague largo e comprimento curto de 0-1, faça uma borda decorativa em zigue-zague ao longo da borda interna de cada asa.

8 **Centralize e prenda os olhos** ao rosto com alfinetes. Costure as bordas dos olhos com ponto reto. Com a linha cinza na máquina, programe-a para ponto largo zigue-zague, comprimento curto. Faça o zigue-zague em volta dos olhos.

9 **Prenda os olhos e a cara com alfinetes** na parte da frente da cabeça da coruja. Com linha branca, dê ponto reto, depois zigue-zague em volta da borda, como no passo 8. Prenda o nariz da mesma forma, usando uma cor de linha que combine.

10 **Costure um olho de botão** no centro de cada olho de tecido com linha que combine. Deixe os botões bem firmes para que a criança não consiga arrancá-los.

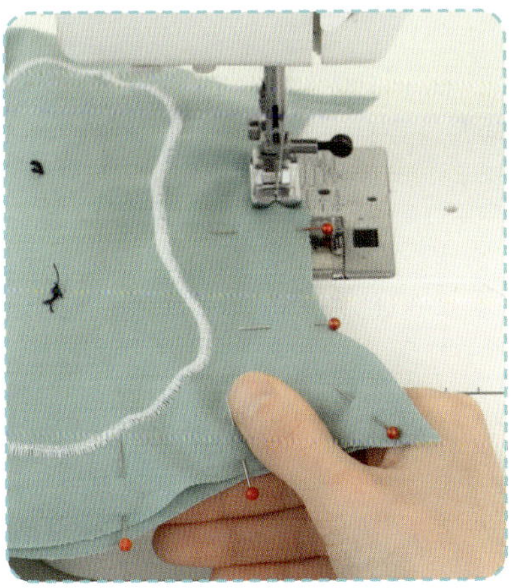

11 **Prenda com alfinetes a parte da frente e a de trás** da coruja com os lados direitos juntos. Com linha de cor que combine e ponto reto, costure em volta das bordas, deixando margem de costura de 1 cm. Deixe uma abertura de 7,5 cm na parte inferior.

12 **Corte a margem de costura** em volta das orelhas, deixando-a com cerca de 5 mm. Corte rente à margem de costura, em volta dos cantos e das curvas, para reduzir o volume e deixar as curvas mais suaves.

13 **Vire a coruja** para o lado direito, pela abertura na parte inferior, e passe a ferro. Coloque enchimento para brinquedo e costure a abertura à mão, passando a agulha para frente e para trás.

Trocador portátil

Esse trocador de fraldas portátil será especialmente útil em situações fora de casa. O PVC é uma boa opção para o tecido do forro. Quando não está sendo usado, o trocador pode ser dobrado três vezes, depois ao meio, e preso com uma fita na lateral.

MATERIAL ✿ 2 tecidos diferentes, com 70 cm x 55 cm cada (pode ser um de algodão e outro de PVC) ✿ base de corte (opcional) ✿ cortador circular ou tesoura ✿ 65 cm de fita de algodão, com 1 cm de largura ✿ giz de alfaiate ✿ alfinetes ✿ papel de seda (se usar tecido de PVC) ✿ linhas das cores dos tecidos ✿ máquina de costura ✿ ferro ✿ um pedaço de papelão rígido ✿ enchimento acolchoado de 65 cm x 50 cm ✿ esquadro ✿ agulha

1 **Usando base de corte** e cortador circular ou tesoura, corte os dois tecidos em retângulos de 62 cm x 47 cm. O tecido deve estar completamente reto e estendido antes de ser cortado. Corte também dois pedaços de fita de algodão, com 30 cm de comprimento cada.

2 **Meça 30 cm** descendo pelo lado longo de um dos retângulos de tecido. Marque esse ponto com giz do lado direito. Estenda a ponta de um pedaço de fita no ponto marcado, como mostrado acima. Repita no lado oposto, conferindo se as duas fitas estão niveladas. Coloque a segunda peça de tecido em cima, com o lado direito para baixo.

3 **Prenda as duas peças de tecido com alfinetes** unindo-as nos quatro lados do retângulo e verificando se a fita está presa no lugar correto dos dois lados. A fita ficará entre os dois tecidos.

4 **Usando ponto reto** e linha de cor que combine, costure em volta dos quatro lados. Deixe abertura de cerca de 13 cm de largura na borda inferior curta. Use papel de seda sobre o PVC para ajudar a deslizar pela máquina.

5 **Corte os quatro cantos** na diagonal para tirar o excesso de tecido, com cuidado para não cortar os pontos. Vire o lado direito do trocador para fora e passe a ferro. Enfie um pedaço de papelão rígido para fazer pressão nos cantos enquanto passa, para enquadrá-los.

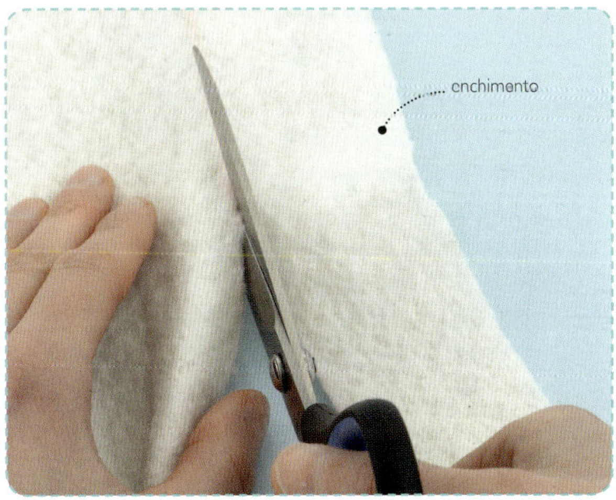

6 **Meça o trocador de fraldas**, depois use giz de alfaiate e esquadro para medir e marcar uma peça de enchimento acolchoado com as mesmas dimensões. Corte e insira o acolchoado pela abertura do trocador. Verifique se o acolchoado não está grande demais e amontoado, nem pequeno demais, com espaços vazios no meio e nas pontas do trocador.

7 **Quando estiver satisfeito** com o encaixe do acolchoado dentro do trocador, prendas as três camadas com alfinetes. Costure com ponto reto ao longo dos quatro lados, a cerca de 2,5 cm da borda. Essa carreira de pontos vai prender o acolchoado dentro do trocador e evitar que ele se movimente ou fique amontoado quando o trocador for lavado.

8 **Usando o giz e o esquadro**, meça e marque 19 cm a partir das bordas superior e inferior do trocador. Junte as marcas para formar duas linhas ao longo desses pontos. Costure ao longo das linhas, parando quando atingir a costura feita no passo 7.

9 **Termine costurando à mão** a abertura da borda inferior. Para obter acabamento invisível, passe a agulha para trás e para a frente entre as duas camadas de tecido na abertura, apanhando-o em lados alternados. Evite que as pontas da fita desfiem dobrando-as duas vezes e fazendo uma costura reta, à mão, que envolva as três camadas.

Organizador suspenso

Com esse suporte pendente, você terá os itens básicos do bebê à mão. Quando o bebê já for grande o suficiente para alcançar e pegar objetos do organizador, lembre-se de não deixar nada que seja perigoso para ele.

MATERIAL ✿ tecido para forro de 1,05 m x 1,14 m ✿ enchimento de 55 cm x 65 cm ✿ tecido para os bolsos de 90 cm x 93 cm ✿ régua ✿ tesoura ✿ ferro de passar ✿ alfinetes ✿ giz de alfaiate em 2 cores ✿ máquina de costura com ponto zigue-zague ✿ linha de cor que combine ✿ lápis ✿ pino de madeira de 60 cm e diâmetro de 1,5 cm

1 **Corte um retângulo** do tecido para forro de 1,14 m x 65 cm; dois retângulos do tecido dos bolsos, ambos com 45 cm x 93 cm; e quatro retângulos de tecido para forro, 40 cm x 10 cm, para os laços. Passe todos os tecidos a ferro.

2 **Com a borda curta** do tecido para forro em cima, meça e marque uma linha do meio para baixo na borda longa, a fim de dividir o tecido em duas áreas de 57 cm x 65 cm. A de baixo será a parte de trás do organizador e a de cima, a frente. Prenda com alfinetes o enchimento de 55 cm x 65 cm ao lado avesso da frente, começando a 5 cm da borda superior, para dar espaço ao pino que será colocado depois.

PREGA DOS BOLSOS E ORIENTAÇÕES PARA MARCAÇÃO DOS PONTOS

- **Faixa superior dos bolsos** Marque as pregas medindo as distâncias de 23 cm, 14 cm, 19 cm, 14 cm e 23 cm, começando por uma borda. Marque o centro das duas áreas de 14 cm para a marcação dos pontos.
- **Faixa inferior dos bolsos** Repita usando a segunda faixa, mas marque as pregas com espaçamento de 13 cm, depois de 7 cm, alternando até a ponta da faixa. Marque o centro de cada área de 7 cm para a marcação dos pontos.

3 **Dobre os retângulos dos bolsos** ao meio para formar duas faixas de 22,5 cm x 93 cm. Faça um zigue-zague nas bordas longas, sem acabamento; siga as instruções da p. 227 para a prega e a marcação dos pontos usando as medidas à esquerda.

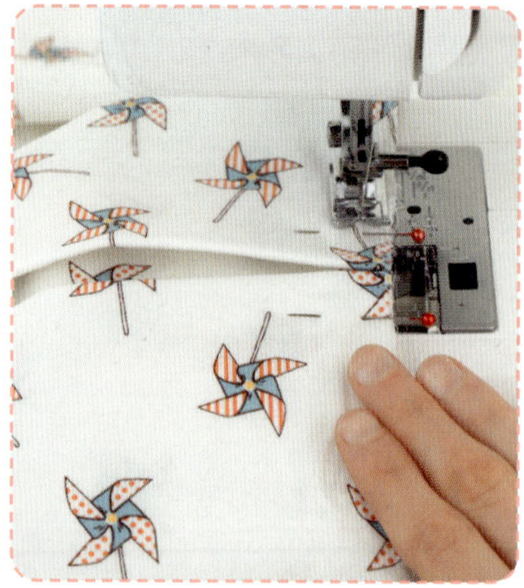

4 **Seguindo as instruções** da p. 227, dobre e alfinete as faixas ao longo das marcas das pregas para que as marcas cruzem com a marcação dos pontos no centro. Passe as pregas a ferro e costure ao longo da borda das faixas para mantê-las no lugar.

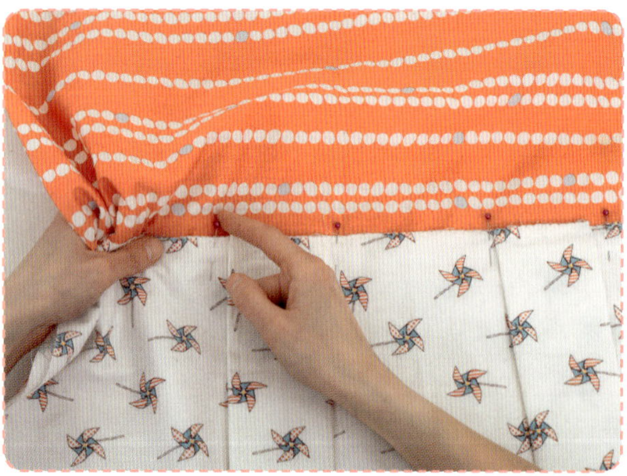

5 **Coloque a faixa inferior dos bolsos** no forro, com o lado direito para baixo, ao longo da linha marcada no passo 2. Posicione as bordas dobradas voltadas para a parte traseira inferior e a borda com prega e sem acabamento 5 cm acima da linha marcada. Alfinete a borda sem acabamento através do forro e do enchimento; costure no lugar, deixando margem de costura de 1 cm.

6 **Vire a faixa dos bolsos** para que o lado direito fique para cima. Alinhe e alfinete suas bordas com as bordas do tecido do forro e do enchimento. Alfinete a faixa através do tecido do forro e do enchimento ao longo das marcas no centro feitas no passo 3. Costure ao longo das marcas no centro para formar as pregas; costure as bordas que estão com alfinetes.

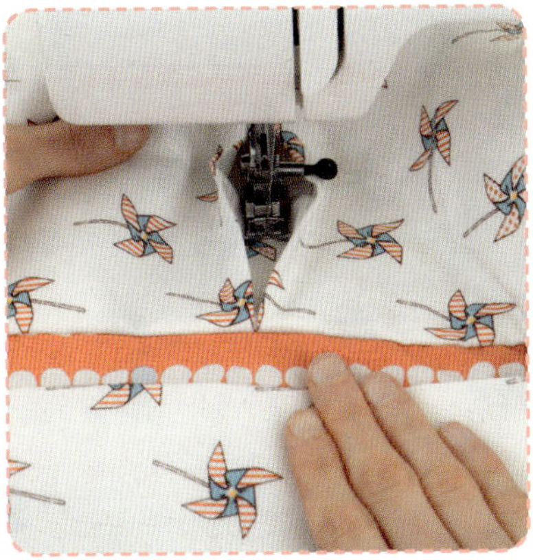

7 **Repita os passos** 5 e 6 para fazer a faixa superior dos bolsos, mas posicione a borda sem prega e sem acabamento 27 cm acima da linha marcada no passo 2. Isso vai garantir a distância de 2 cm entre a fileira superior e inferior de bolsos quando eles estiverem colocados.

8 **Dê os laços** dobrando e prendendo cada faixa com alfinetes, lados direitos juntos, para fazer quatro laços de 5 cm x 40 cm. Costure ao longo de cada um e ao longo de cada borda longa, deixando margem de costura de 1 cm. Vire cada laço para o lado direito, empurrando a ponta costurada com a haste do lápis.

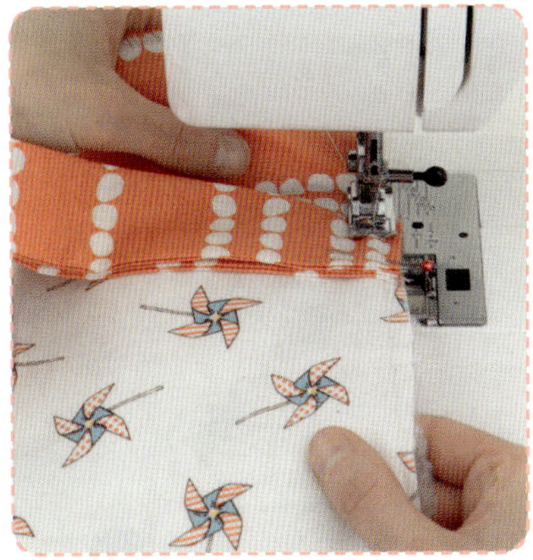

9 **Passe os laços a ferro**, depois coloque as bordas sem acabamento de dois dos laços uma em cima da outra, em cada lado da fileira superior de bolsos. Alinhe todas as bordas sem acabamento, depois costure-as no lugar, deixando-as bem presas.

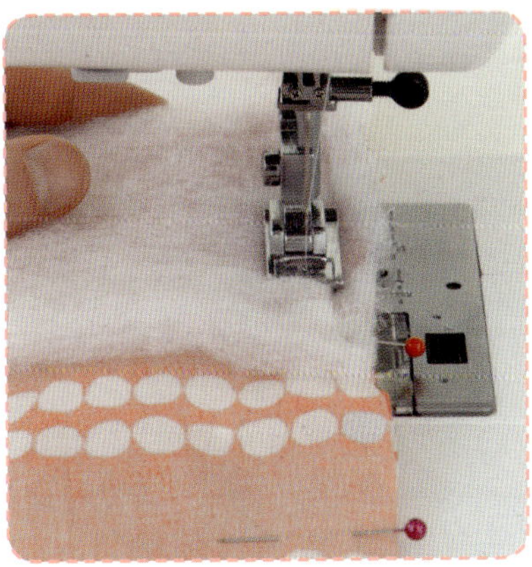

10 **Dobre o tecido do forro** com os lados direitos juntos ao longo da linha marcada no passo 2, cobrindo os bolsos. Alinhe e una as bordas sem acabamento com alfinetes e costure ao longo das laterais pegando todas as camadas. Deixe a borda superior sem costurar. Vire do lado direito e passe a ferro.

11 **Faça um tubo de passagem** para o pino de madeira virando a borda superior do tecido do forro 1 cm para baixo. Passe a ferro e vire para baixo novamente, desta vez 3 cm. Prenda no lugar com alfinetes e costure ao longo da borda dobrada e alfinetada.

12 **Insira o pino** no tubo; em seguida, costure à máquina as pontas do tubo, para fechá-lo.

Protetor para porta

Esse protetor, simples de fazer, fica pronto em menos de uma hora. É útil para não deixar a porta bater enquanto o bebê dorme. Escolha tecidos divertidos que combinem com a decoração do quarto.

MATERIAL ✿ tecido principal de 18 cm x 18 cm ✿ tecido para a alça de 15 cm x 30,5 cm ✿ giz de alfaiate ✿ régua ✿ tesoura ✿ alfinetes ✿ máquina de costura ✿ linha de cor que combine ✿ alfinete de segurança ✿ 36 cm de elástico de 5 mm ✿ enchimento para brinquedo ✿ agulha

1 **Usando giz de alfaiate** e régua, meça e marque o tecido principal para formar dois retângulos de 18 cm x 9 cm, depois meça e marque o tecido da alça para formar dois retângulos de 7,5 cm x 30,5 cm. Corte os retângulos dos tecidos.

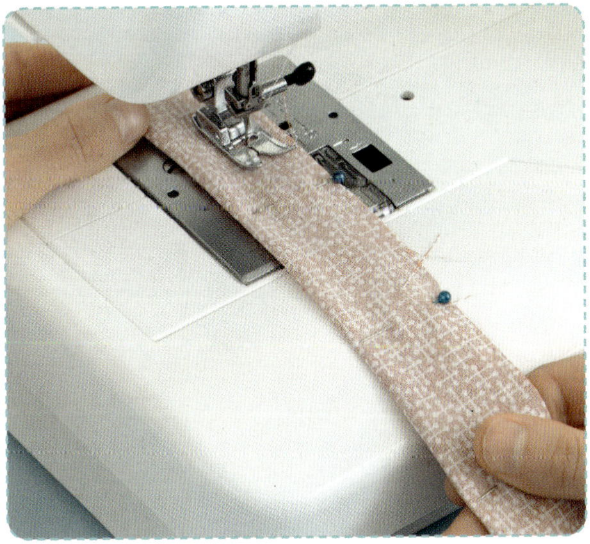

2 **Dobre o tecido da alça** ao meio, no sentido do comprimento, lados direitos juntos. Prenda com alfinetes ao longo das bordas alinhadas. Costure com ponto reto, ao longo da borda com alfinetes, deixando margem de costura de 1 cm. Remova os alfinetes conforme a costura avança. Ajuste as margens de costura para 5 mm. Repita na outra alça.

3 **Prenda o alfinete de segurança** em uma ponta da alça e empurre-o para dentro dela. Quando o alfinete sair na outra ponta, puxe-o para virar a alça do lado direito (p. 226). Retire o alfinete de segurança.

4 **Corte um pedaço de elástico** de 18 cm de comprimento. Prenda o alfinete de segurança em uma ponta e empurre-o por dentro da alça até a borda sem alfinete do elástico ficar alinhada com a ponta da alça.

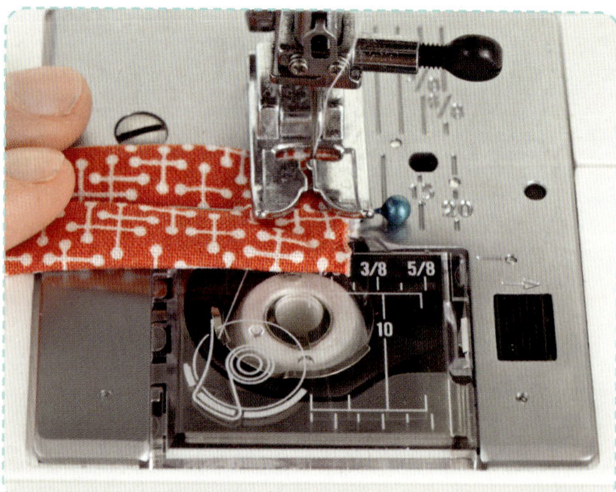

5 **Prenda a ponta do elástico** para que fique centralizada na ponta da alça e costure à máquina, deixando margem de costura de 5 mm.

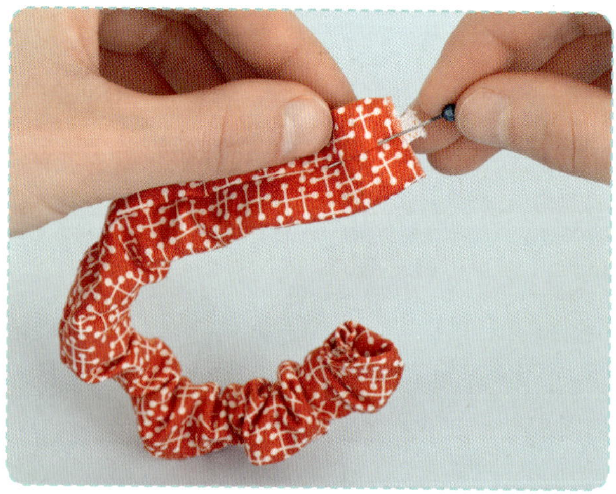

6 **Trabalhe com o alfinete de segurança** e seu elástico por dentro da alça. À medida que avança, a alça franze com o elástico. Quando o alfinete de segurança sair na outra ponta, alfinete essa ponta do elástico para que fique alinhada e centralizada com a borda da alça. Tire o alfinete de segurança e costure o elástico como no passo 5. Repita os passos 3-6 na outra alça.

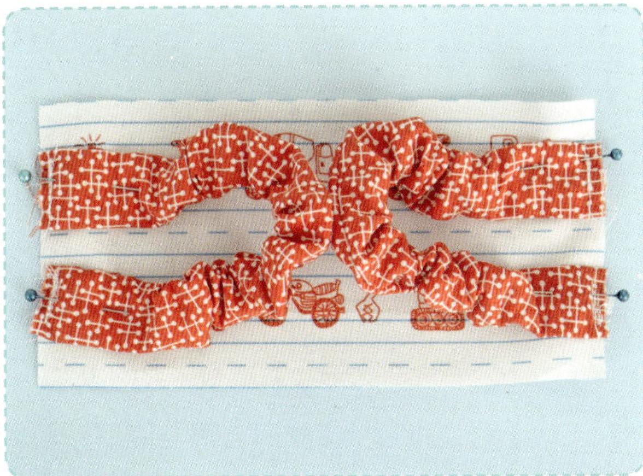

7 **Estenda um dos retângulos do tecido principal** com o lado direito para cima e prenda as duas alças com alfinetes, por cima. Verifique se as alças estão alinhadas dos dois lados e se as pontas estão com a mesma largura de distância nos dois lados.

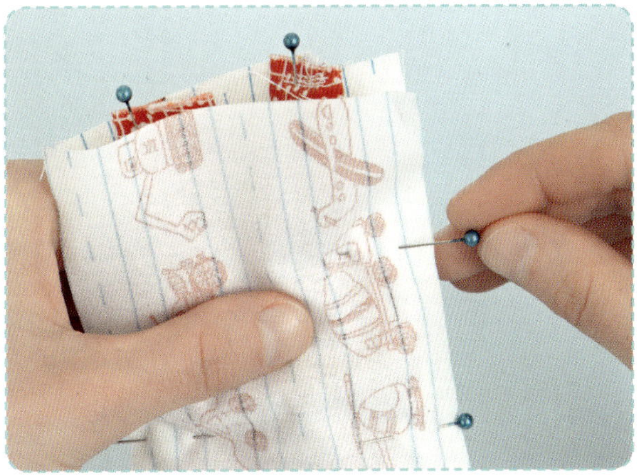

8 **Estenda o outro retângulo do tecido principal** por cima, com o lado direito para baixo, verificando se a estampa do tecido dos dois retângulos está para cima da mesma forma. Una os dois retângulos com alfinetes, alinhando as quatro bordas enquanto prende com alfinetes. Prenda as pontas das alças que estão no meio com alfinetes, para não saírem do lugar.

9 **Deixando margem de costura de 1 cm**, costure em torno das quatro bordas, removendo os alfinetes à medida que costura. Deixe uma abertura de 4 cm na borda inferior. Costure para a frente e para trás sobre as pontas das alças várias vezes, para deixá-las bem presas no lugar e evitar que sejam arrancadas.

10 **Vire a peça** para o lado direito, pela abertura, na parte inferior. Coloque enchimento para brinquedo, depois costure a abertura com uma cor de linha que combine.

Bolsa de mão impermeável

Uma bolsa de mão impermeável é útil para carregar peças úmidas ou fraldas sujas. O tecido PUL (poliuretano laminado), com um lado à prova d'água e outro de tecido, é perfeito para esse projeto.

MATERIAL ✿ tecido PUL de 40 cm x 64 cm ✿ giz de alfaiate ✿ fita métrica ✿ tesoura ✿ alfinetes ✿ zíper da cor do tecido de no mínimo 33 cm ✿ linha de poliéster combinando ✿ máquina de costura ✿ papel de seda ou um calcador de Teflon® para a máquina de costura ✿ ferro de passar

1 **Corte dois retângulos** do tecido PUL, um medindo 30 cm x 64 cm para a bolsa e outro medindo 6 cm x 40 cm para a alça.

2 **Alinhe e prenda o zíper com alfinetes** em uma das bordas de 30 cm do tecido da bolsa, lados direitos juntos. Costure para unir deixando margem de costura de 5 mm. O calcador de Teflon® para máquina de costura facilita essa etapa. Se não tiver, coloque papel de seda no lado laminado do tecido e rasgue depois de costurar.

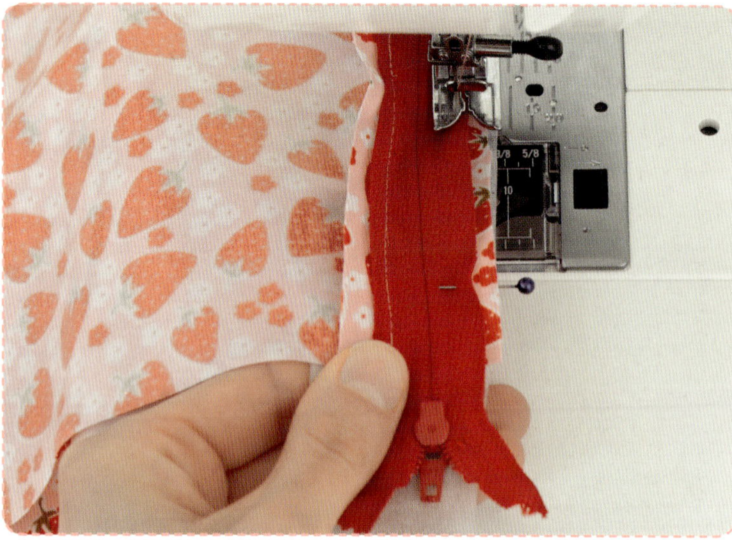

3 **Dobre o tecido para alinhar** a outra borda de 30 cm com o lado oposto do zíper, lados direitos juntos. Prenda com alfinetes e costure ao longo das bordas com margem de costura de 5 mm, usando papel de seda. Passe com ferro morno; vire a bolsa para o lado direito.

4 **Dobre a alça ao meio**, lados direitos juntos. Costure à máquina com margem de costura de 1 cm. Vire do outro lado com um alfinete de segurança (p. 226). Passe a ferro.

5 **Dobre a alça ao meio** e alinhe as pontas com a borda da bolsa na ponta inferior do zíper. Costure a 1 cm da borda, incluindo somente uma camada da bolsa na costura.

6 **Vire a bolsa do avesso** com a parte de trás do zíper virada para a frente. Dobre a borda superior por cima, para que o zíper fique a 5,5 cm do topo, e prenda com alfinetes. Abra o zíper até a metade.

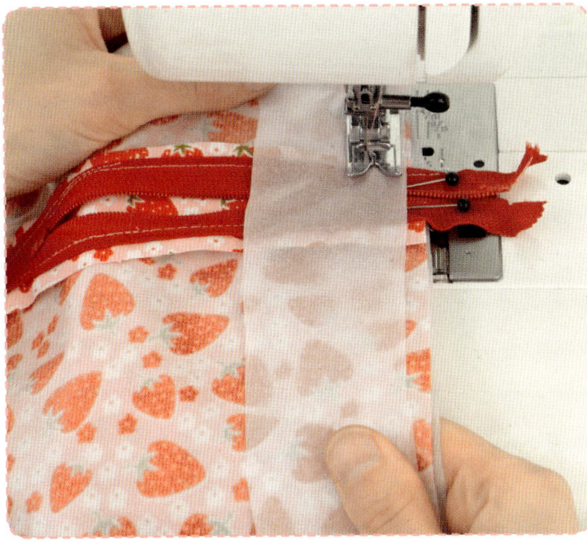

7 **Estenda o papel de seda por cima e por baixo** da bolsa e costure uma lateral longa através da ponta aberta do zíper, deixando margem de costura de 1 cm. Remova os alfinetes e o papel de seda.

8 **Repita na segunda lateral longa** da bolsa, conferindo se a alça está embutida e se a borda superior está dobrada por cima, alinhada com o lado oposto, para que o zíper fique reto.

9 **Corte as pontas de tecido do zíper** e vire a bolsa para o lado direito, através do zíper aberto. Passe com ferro morno ou de acordo com as instruções do fabricante.

TAMANHO
Medida final da bolsa:
28 cm x 31,5 cm

Bringuedos

Baleia simpática

Essa baleia maleável e fofinha vai se transformar no brinquedo favorito do bebê. Com apenas três costuras simples, ela é bem rápida de fazer. Dá até para criar uma família completa de baleias em tecidos diferentes e coloridos.

MATERIAL ✿ papel vegetal ✿ marcador ✿ tesoura ✿ tecido de 51 cm x 35,5 cm ✿ alfinetes ✿ máquina de costura ✿ linha de cor que combine ✿ agulha de orifício grande ✿ linha de bordar preta ✿ bastidor pequeno para bordar (opcional) ✿ enchimento para brinquedo ✿ lápis ✿ agulha

1 **Faça o traçado** do molde da p. 237 no papel vegetal e recorte-o para compor a peça do molde.

2 **Com o tecido dobrado ao meio**, lados avessos juntos, estenda a peça do molde por cima e prenda no lugar com alfinetes, envolvendo as duas camadas. Corte os tecidos para ter as duas partes da baleia.

3 **Junte as bordas da pence com alfinetes** na parte de trás da baleia, lados direitos juntos. Verifique se as bordas suavemente curvadas da pence estão alinhadas.

4 **Deixando margem de costura de 5 mm**, costure ao longo das bordas da pence, que estão com alfinetes. Repita os passos 3 e 4 para fazer a outra parte da baleia.

5 **Usando a agulha de orifício grande** e a linha de bordar preta, borde os olhos nos dois lados da baleia. Se desejar, use um bastidor. Verifique se os olhos estão alinhados nas duas peças.

6 **Junte as duas partes** da baleia, lados direitos juntos. Faça as pences coincidirem, colocando uma dentro da outra, e trabalhe em volta das bordas, conferindo se as duas partes estão alinhadas.

7 **Deixando margem de costura de 1 cm** e começando pela barriga da baleia, costure em volta do rabo, das costas e da cabeça. Termine na barriga, deixando uma abertura de cerca de 6,5 cm.

8 **Corte rente à margem de costura**, em volta dos cantos e das curvas, para reduzir o volume e deixar as curvas mais delicadas. Nas curvas mais estreitas, corte mais rente.

9 **Vire a baleia** do lado direito, através da abertura deixada na barriga no passo 7.

10 **Coloque enchimento** para brinquedo até a baleia ficar firme. Use a ponta do lápis para empurrar o enchimento até o rabo.

11 **Costure a abertura** da barriga passando a agulha para trás e para a frente, a fim de apanhar as bordas do tecido.

Blocos de montar estampados

Há blocos de madeira disponíveis em diversas proporções. Para este projeto usamos blocos de 5 cm, mas dá para trabalhar com qualquer tamanho ou formato, basta adaptar os moldes.

MATERIAL ✿ papéis estampados para scrapbook ✿ blocos quadrados de madeira ✿ régua ✿ lápis ✿ tesoura ✿ pincel macio ✿ cola de PVA ou para découpage diluída em água, com consistência pouco cremosa ✿ papel impermeável ou papel-manteiga ✿ lixa de unhas ou lixa comum fina ✿ verniz fosco ou brilhante à base de água

1 **Escolha diversos papéis para scrapbook** que combinem com o tema ou esquema de cores. Meça os lados dos blocos.

2 **Meça e marque** um pedaço de papel para scrapbook para colar em cada lado do bloco. Corte os papéis no tamanho com a tesoura – serão necessários seis quadrados para cobrir um bloco.

3 **Com um pincel macio**, aplique cola para découpage ou de PVA em um lado do bloco e no verso do quadrado de papel. Espalhe bem a cola para que não haja áreas descoladas.

4 **Coloque o papel com cola** em um lado do bloco e alise-o para remover eventuais bolhas.

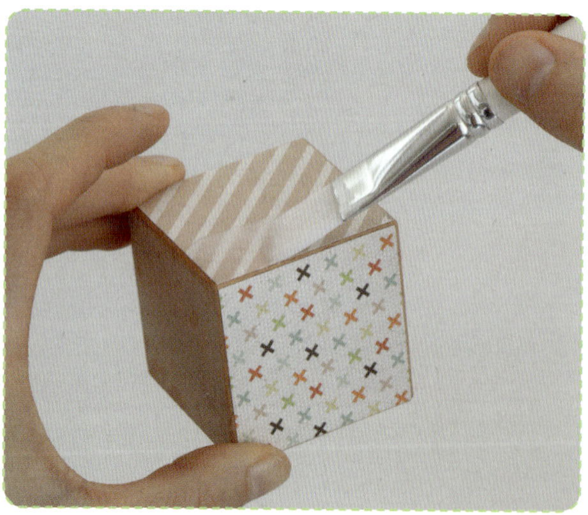

5 **Cubra o papel** com uma camada de cola para vedá-lo, vire o bloco e repita o processo até cobrir todos os lados, exceto um deles.

6 **Deixe o bloco secar**, com o lado sem papel para baixo, sobre papel impermeável ou papel-manteiga.

7 **Quando o bloco estiver seco**, cole papel no último lado e deixe secar.

8 **Lixe as bordas** e os cantos do bloco com lixa de unhas ou lixa comum fina, para chanfrar as bordas, suavizar os cantos e criar uma aparência levemente envelhecida.

9 **Cubra o bloco** com uma ou duas camadas de cola para selar o papel. Dê especial atenção às bordas do papel para que não se descolem do bloco.

10 **Para proteger o papel** e criar um acabamento interessante, aplique camadas de verniz transparente, fosco ou brilhante, dependendo do efeito desejado. Deixe cada camada secar antes de aplicar a próxima.

TAMANHO
Altura de
aproximadamente
15,5 cm

Chocalho de cachorrinho

Esse brinquedo é ideal para as mãos pequeninas do bebê. Borde a expressão facial do chocalho como preferir ou use a orientação de pontos fornecida no molde. Se preferir, borde um cachorrinho acordado.

MATERIAL ✿ papel vegetal ✿ lápis ✿ tesoura ✿ bastidor pequeno para bordar ✿ tecido de 20 cm x 24 cm para o corpo ✿ linha de bordar azul-marinho ✿ agulha de bordar ✿ tecido de 12 cm x 28 cm paras as orelhas ✿ alfinetes ✿ máquina de costura ✿ linha de cor que combine com o tecido ✿ enchimento para brinquedo ✿ chocalho de brinquedo lavável com menos de 2,5 cm de diâmetro ✿ agulha ✿ ferro de passar

1 **Faça o traçado dos moldes** da p. 236 no papel vegetal e recorte-os para compor as peças.

2 **Usando bastidor para bordar**, siga as técnicas de pontos das pp. 224-5 e borde o rosto no tecido do corpo. Verifique se há bastante tecido em volta do rosto bordado para posicionar a peça de molde do corpo.

3 **Una com alfinetes as peças do molde e os tecidos** e corte-os. Corte quatro orelhas e dois corpos, posicionando a peça do molde para um dos corpos, de modo que fique sobre o rosto bordado. Confira se o rosto está centralizado dentro da área da cabeça antes de cortar.

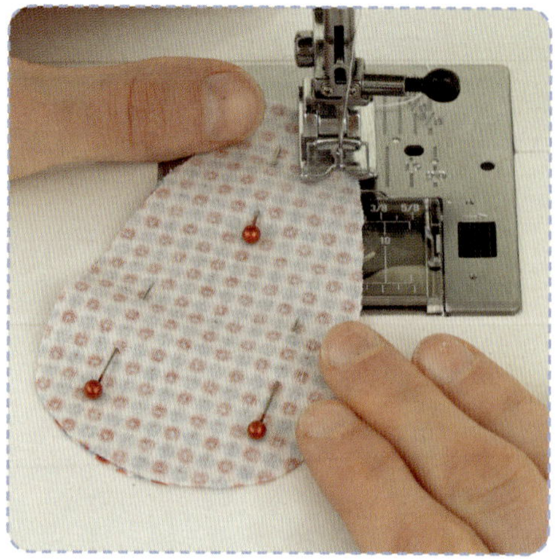

4 **Una as orelhas com alfinetes**, lado direito com lado direito. Deixando a borda reta sem costurar, costure em torno das bordas curvas, com margem de costura de 5 mm. Repita para fazer a segunda orelha.

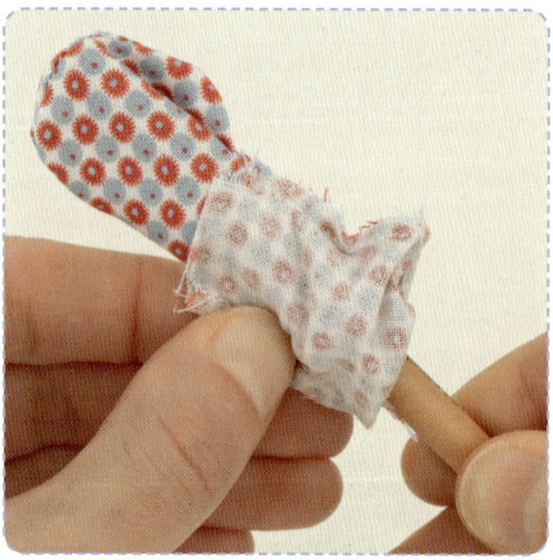

5 **Vire as orelhas para o lado direito** através da borda sem costura, usando a ponta do lápis para colocar as costuras para fora. Passe as duas orelhas a ferro.

prenda com alfinetes de modo que a cabeça do alfinete fique virada para baixo

6 **Prenda as orelhas no topo de uma peça do corpo**, com o lado direito para cima. Verifique se elas estão niveladas ao longo da curva da cabeça, para que fiquem alinhadas depois de costuradas. Confira se as bordas das orelhas estão alinhadas com a borda do corpo.

7 **Prenda a segunda peça do corpo com alfinetes** com o lado direito para baixo no topo, alinhando todas as bordas. Costure em torno das bordas, com margem de costura de 5 mm, retirando os alfinetes que estão prendendo as duas peças do corpo. Deixe uma abertura de 2,5 cm em uma das laterais retas do corpo. Corte as margens de costura em torno de todas as curvas.

8 **Remova com cuidado os alfinetes** de dentro do corpo, mantendo as orelhas no lugar, depois vire o corpo para o lado direito pela abertura. Coloque enchimento e insira o chocalho pela abertura, empurrando-o para a cabeça.

9 **Feche a abertura** costurando à mão com linha de cor que combine, dando pontos pequenos para ficarem o mais invisíveis possível.

TAMANHO
Cada bola tem diâmetro aproximado de 7-8 cm.

Bolinhas de lã

Essas bolas são feitas com uma técnica simples, usando feltro úmido. As bolinhas ficam bem leves e fáceis de pegar – perfeitas para mãos pequeninas. Escolha lãs em mechas nas cores de sua preferência. Muitos fornecedores têm pacotes de lã em mechas em diversas cores que combinam entre si.

MATERIAL ✿ fio de lã merino, aproximadamente 50 g por bola ✿ sabão líquido ✿ bacia média ✿ agulha de feltragem (opcional) ✿ pequenas quantidades de lã em mechas em cores que combinem (opcional)

1 **Encha uma bacia com água quente e sabão** e reserve. A temperatura da água deve ser confortável para colocar as mãos. Ache a ponta do fio de lã e puxe pequenos tufos. Os tufos vão se separar do novelo de lã à medida que são puxados.

2 **Enrole o tufo de lã** para formar uma pequena bola, depois enrole o segundo tufo em volta, alternando a direção das fibras. Faça isso duas ou três vezes, mantendo a bola pequena e uniforme. Reserve os tufos extras.

3 **Coloque uma gota** de sabão líquido na mão esquerda. Com a mão direita, mergulhe a bolinha na bacia com água quente e sabão. Molhe completamente a lã, mas não deixe os tufos se separarem.

4 **Enrole um pouco a bola** entre as mãos. Continue a enrolar com movimentos circulares durante alguns minutos, até a bola ficar firme, o que indica que as fibras de lã dos tufos estão unidas.

5 **Enrole a bola** em outro tufo e repita os passos 3 e 4. Continue a formar camadas, alternando a direção das fibras como no passo 2. Mergulhe a bola em água quente e use mais sabão líquido, se necessário. Quanto maior ficar a bola, mais longos devem ser os tufos de lã que serão enrolados.

6 **Quando a bola atingir o tamanho adequado**, de cerca de 7-8 cm, enxague-a com água morna para remover o sabão líquido. Lembre-se de que a bola deve ficar grande o suficiente para não oferecer risco de asfixia ao bebê. Deixe a bola secar sobre uma superfície que não manche, pois pode escorrer um pouco de tinta da lã.

agulhas de feltragem

7 **Quando a bola estiver seca**, é possível acrescentar desenhos com pedaços de fios de lã de outras cores. Coloque o fio de lã sobre a bola na posição que deverá ficar e perfure a bola com movimentos para baixo e para cima, usando agulha de feltragem. Isso irá unir as fibras. Acrescente mais lã, se necessário, para formar o desenho que desejar.

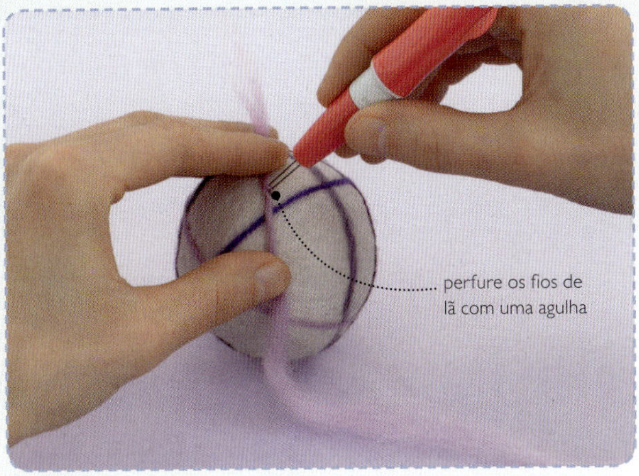

Para acrescentar uma faixa fina à bola, puxe um pedaço longo e fino de fio de lã na cor de sua preferência. Torça os fios para ficarem mais finos e coloque-os na bola. Trabalhe em uma pequena área perfurando a bola com agulha de feltragem. Quando essa área estiver bem integrada, mude para a próxima. Verifique se todos os pedaços de fio de lã estão bem incorporados à bola para não serem arrancados pelo bebê.

DICA *Substitua a água quente, se ela esfriar, acrescentando sabão.*

Argolas com temas naturais

As argolas podem ser empilhadas numa brincadeira que ajuda a desenvolver a coordenação motora do bebê. Esses anéis de feltro são representações divertidas da natureza em cores que remetem ao arco-íris. Use os pontos de bordado das pp. 224-5 para enfeitá-los.

MATERIAL ✿ papel vegetal ✿ marcador ✿ tesoura ✿ feltro azul-claro, azul-escuro, amarelo, vermelho, preto, laranja, roxo, verde-escuro e verde-claro ✿ alfinetes ✿ agulha de bordar ✿ linha de bordar em cores que combinem com os feltros ✿ enchimento para brinquedo ✿ lápis ✿ régua

1 **Faça o traçado dos moldes** da p. 244 no papel vegetal e recorte-os para compor as peças do molde.

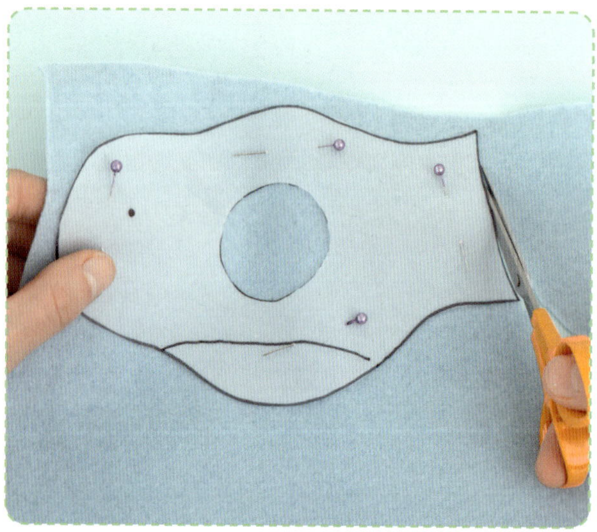

2 **Prenda com alfinetes as peças do molde** às peças equivalentes em feltro, conforme indicado nos moldes, depois corte o feltro.

3 **Use linha de bordar** para costurar os detalhes nas peças do corpo – a barriga em uma peça do pássaro azul; a cabeça, a asa e as pintas em uma das peças da joaninha vermelha; o sol laranja em um disco amarelo; e a argola amarela em uma flor roxa.

4 **Borde os detalhes** nas peças do corpo, como indicado nos moldes. Borde os olhos da joaninha vermelha, as nervuras da folha e o olho e os detalhes da cauda do pássaro azul.

5 **Com os lados avessos juntos**, junte e prenda com alfinetes as duas metades de cada forma em feltro. Faça ponto caseado (p. 224) para debruar o furo no sentido de cada peça, com linhas que combinam ou contrastam.

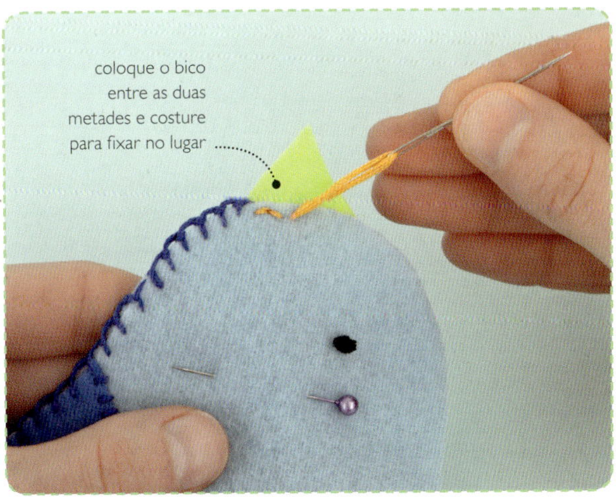

6 **Com as metades de feltro ainda presas** com alfinetes, una as bordas com ponto caseado, deixando uma abertura para o enchimento. Coloque o bico do pássaro azul e o caule da folha na posição, entre as duas peças de feltro. Com ponto reto, costure o bico e o caule.

7 **Coloque enchimento para brinquedo nas peças** usando a ponta do lápis para empurrá-lo e distribuí-lo em volta do furo, de modo uniforme na peça inteira.

8 **Costure o furo para fechar** a abertura do enchimento com ponto caseado. As cinco peças empilháveis estão prontas.

9 **Meça e marque** dois quadrados de 14 cm x 14 cm e quatro retângulos de 14 cm x 5 cm na cor verde-claro para formar a base. Corte-os.

10 **Costure as laterais** do pino com ponto caseado, deixando a parte inferior aberta. Coloque enchimento para dar firmeza ao pino. Centralize o pino sobre um dos quadrados verdes de 14 cm x 14 cm e costure na posição, empurrando o excesso de enchimento para dentro, à medida que a costura avança. Este é o topo da base.

11 **Costure uma borda longa** de cada retângulo verde no topo da base com ponto caseado e linha de cor contrastante. Costure três dos quatro pares de bordas curtas unindo-as, mas deixe uma descosturada. Prenda os quadrados de feltro restantes, a parte inferior às bordas livres dos retângulos verdes, com ponto caseado.

12 **Coloque enchimento para brinquedo** na base, através do canto aberto; depois costure o canto com ponto caseado, para fechá-lo.

Livro de tecido com animais

Livros de tecido com figuras são ideais para bebês. São macios, podem ser levados a qualquer lugar e vão resistir a anos de uso. Crie suas próprias histórias para acompanhar as imagens ou, quando o bebê crescer, deixe que ele conte as histórias.

MATERIAL ✿ tecido azul-claro de 69 cm x 46 cm para as páginas ✿ régua ✿ giz de alfaiate ✿ tesoura ✿ papel vegetal ✿ marcador ✿ alfinetes ✿ retalhos de tecido em diversas cores e estampas para os temas e a encadernação ✿ máquina de costura com ponto zigue-zague ✿ linhas das cores dos tecidos ✿ agulha de orifício grande ✿ linhas de bordar preta, rosa e azul ✿ ferro de passar

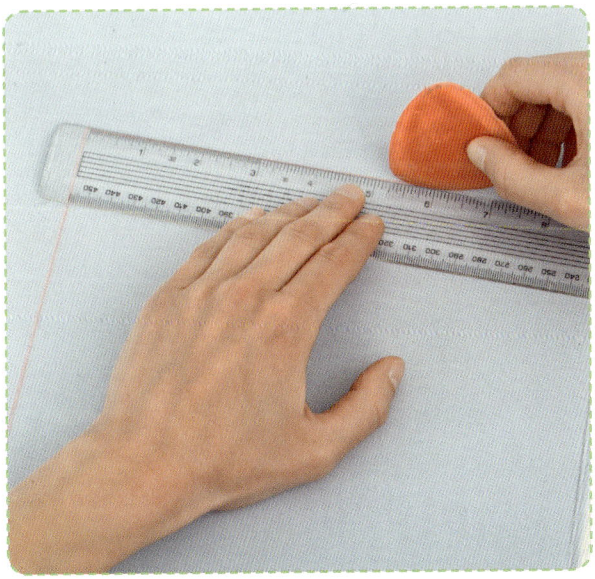

1 **Use régua, giz de alfaiate e tesoura** para medir, marcar e cortar seis quadrados de tecido de 23 cm x 23 cm, um para cada página do livro.

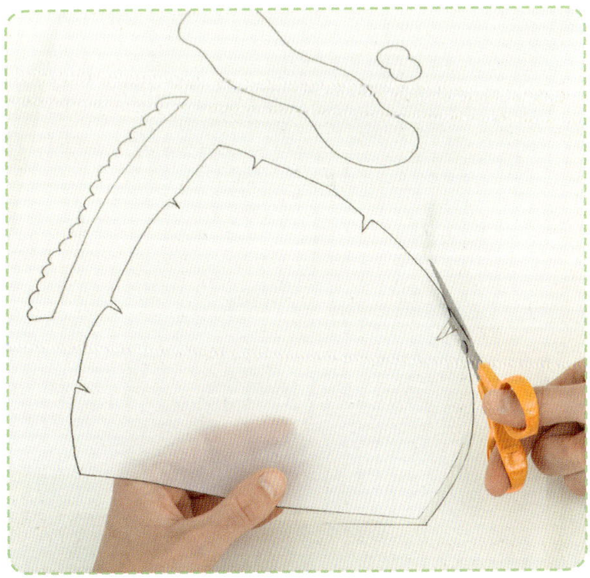

2 **Faça o traçado dos moldes** da p. 248 no papel vegetal e recorte-os para compor as peças do molde.

3 **Prenda as peças do molde** aos tecidos correspondentes, como marcado nos moldes, e corte as peças de tecido.

4 **Prenda com alfinetes a primeira peça de tecido** para cada página, conforme numerado nos moldes. Coloque linha da cor do tecido na máquina de costura e programe-a para ponto zigue-zague largo, com comprimento de ponto curto de 0-1, para criar um ponto cheio bem acabado. Faça um zigue-zague em volta das bordas da peça para prendê-la na página.

5 **Prenda com alfinetes a segunda peça** na posição e use linha da mesma cor para dar pontos zigue-zague em volta da borda. Repita no restante das peças, trabalhando de acordo com a ordem numérica.

6 **Depois de fixar todas as peças** com ponto cheio, use agulha de orifício grande e linha de bordar para criar os detalhes, como marcado no molde. Coloque a linha rosa na máquina e costure com ponto cheio dentro das orelhas do coelho e a boca do sapo.

7 **Agora as páginas do livro estão prontas** e é hora de colocá-las na ordem desejada. A página um será a capa do livro; as páginas dois e três estarão lado a lado; as páginas quatro e cinco estarão lado a lado; e a página seis será a contracapa. Passe a ferro todas as páginas.

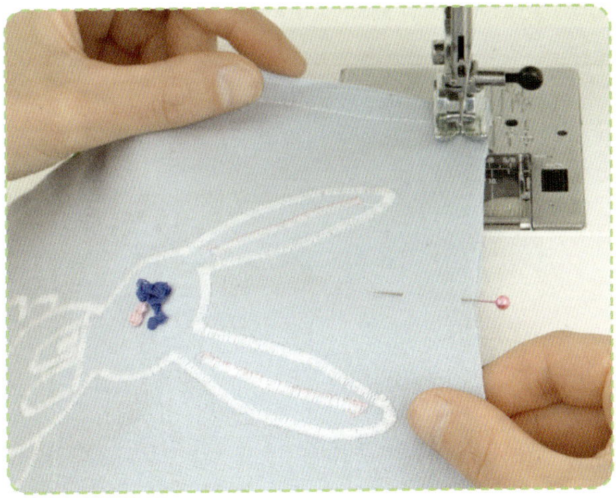

8 **Apare cada página** para que forme um quadrado de 21 cm. Coloque as páginas um e dois com os lados direitos juntos, com seus temas na posição correta. Com margem de costura de 1 cm e ponto reto de comprimento normal, costure em volta de três laterais, deixando o lado interno da lombada do livro sem costurar. Repita nas páginas três e quatro, depois na cinco e seis.

9 **Apare os dois cantos externos** de cada página na diagonal, com cuidado para não cortar os pontos. Vire cada par de páginas para o lado direito através da lateral descosturada, depois passe a ferro.

10 **Corte uma tira de tecido** de 21 cm x 8 cm para a lombada do livro. Dobre 1 cm das bordas curtas de 8 cm para baixo, lados avessos juntos. Use ponto reto para costurá-las na posição.

11 **Dobre 1 cm das duas bordas longas** para baixo e passe a ferro ao longo das dobras. Empilhe as páginas do livro, todas com o lado direito para cima e com as bordas sem acabamento viradas para a mesma direção. Coloque as bordas sem acabamento dentro da lombada dobrada.

12 **Envolva as bordas** sem acabamento das páginas com a lombada e prenda-as com alfinetes. Verifique se as bordas das páginas e as bordas inferior e superior da lombada estão alinhadas.

13 **Com ponto reto**, costure ao longo da lombada com alfinetes, apanhando todas as páginas e ambos os lados da lombada para unir o livro.

Manta estrelada pp. 66-9

Polvo macio

Esse polvo fofinho e adorável vai alegrar o quarto do bebê. Os tentáculos flexíveis e o corpo macio o tornam muito agradável ao toque. Se desejar, coloque algo que faça barulho dentro de cada tentáculo.

MATERIAL ✿ papel vegetal ✿ marcador ✿ tesoura ✿ tecido de 30,5 cm x 40,5 cm para o corpo ✿ 16 retalhos de 8 cm x 18 cm de diferentes tecidos para os tentáculos ✿ tecido de 18 cm x 18 cm para o fundo ✿ entretela termocolante (opcional) ✿ alfinetes ✿ máquina de costura ✿ linha de cor que combine ✿ agulha ✿ enchimento para brinquedo ✿ agulha com orifício grande ✿ linha de bordar branca e azul-marinho

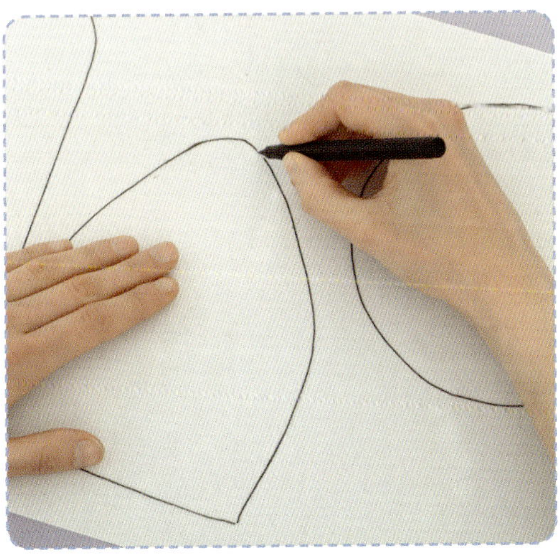

1 **Faça o traçado dos moldes** da p. 237 no papel vegetal e recorte-os para compor as peças do molde.

2 **Una com alfinetes** as peças do molde e os tecidos e corte-os. Se os tecidos forem finos, é aconselhável reforçá-los com entretela termocolante antes de cortá-los. Corte quatro peças do mesmo tecido para o corpo, uma peça redonda para o fundo em tecido diferente e dezesseis peças para os tentáculos. Aqui cortamos oito peças de diferentes tecidos para o lado superior dos tentáculos e oito peças do mesmo tecido para o lado inferior dos tentáculos.

3 **Junte as duas peças do corpo**, lado direito com lado direito. Prenda com alfinetes descendo pela borda direita. Deixando margem de costura de 5 mm, costure ao longo da borda com alfinetes de cima para baixo, deixando a outra borda e a parte inferior descosturadas.

4 **Abra as duas peças** e, com os lados direitos juntos, prenda com alfinetes outra peça do corpo na borda direita livre. Costure ao longo da borda com alfinetes, tomando cuidando para não apanhar a outra peça do corpo na costura. Repita para prender a quarta peça do corpo.

5 **Una as duas bordas livres com alfinetes**, lado direito com lado direito. Costure ao longo da borda com alfinetes de cima para baixo. Agora a forma de cone está pronta, aberta na parte inferior para o corpo do polvo.

6 **Usando linha e agulha**, dê alguns pontos no topo do cone, onde as quatro peças do corpo se unem, para fechar eventuais fendas no topo e garantir que as peças do corpo fiquem unidas. Reserve o corpo.

7 **Junte um lado superior** e um inferior de um dos tentáculos, lados direitos juntos, para formar um par. Una-os com alfinetes.

8 **Com margem de costura de 5 mm**, costure o contorno da borda externa do tentáculo, deixando a borda inferior reta aberta. Corte rente à margem de costura, em volta da parte curva do tentáculo.

9 **Vire o lado direito do tentáculo** para fora, passe a ferro e coloque um pouco de enchimento para brinquedo através da borda inferior aberta. Por ora, empurre o enchimento para a parte inferior do tentáculo para facilitar a costura. Repita os passos 7-9 para fazer os sete tentáculos restantes.

10 **Coloque a borda aberta** de um tentáculo na borda do círculo inferior e prenda no lugar com alfinetes, o tecido do lado de baixo do tentáculo com o lado direito do tecido do círculo. Deixando margem de costura de 1 cm, costure o tentáculo ao círculo. Repita com os outros tentáculos, trabalhando em sentido horário em volta do círculo e conferindo se cada tentáculo está nivelado com o adjacente. Repita até todos os tentáculos estarem costurados no círculo.

11 **Depois de costurar os tentáculos** no círculo, corte rente à margem de costura em toda a volta da borda externa do círculo.

12 **Com o corpo cônico** ainda do lado avesso, junte os oito tentáculos e insira-os dentro do corpo. Verifique se o lado avesso do círculo está virado para fora, em direção à abertura na parte inferior do corpo.

13 **Prenda com alfinetes a borda inferior** do corpo à borda do círculo, lados direitos juntos, dando pouco espaço entre os alfinetes. É importante conferir se o círculo está uniforme e plano em relação à borda do corpo. Se não estiver, recoloque os alfinetes. Como a margem de costura foi cortada no passo 11, deve ser mais fácil deixar o círculo plano.

14 **Deixando margem de costura de 1 cm,** costure todo o contorno em volta das bordas com alfinetes, mantendo uma abertura de cerca de um tentáculo e meio ou dois para virar o polvo do outro lado e colocar o enchimento. Remova os alfinetes conforme a costura avança. Corte todo o contorno rente às margens de costura.

15 **Vire o polvo para o lado direito**, puxando primeiro os tentáculos pela abertura, depois virando o corpo para o lado direito.

16 **Coloque enchimento** para brinquedo no corpo do polvo até deixá-lo firme e costure a abertura.

17 **Com linha de bordar** e agulha de orifício grande, borde os olhos e a boca no corpo do polvo com ponto cheio e ponto-atrás (pp. 224-45).

Borboleta de tecido

Pendure essa borboleta com asas ondulantes no berço ou no bebê conforto. Ao escolher os tecidos, prefira cores e estampas que chamem a atenção.

MATERIAL ✿ papel vegetal ✿ lápis ou marcador ✿ tesoura ✿ tecido de 14 cm x 18 cm para o corpo ✿ tecido de 22 cm x 42 cm para as asas ✿ entretela termocolante de 56 cm x 22 cm ✿ ferro de passar ✿ alfinetes ✿ máquina de costura ✿ linhas de cores que combinem ✿ celofane de 21 cm x 21 cm ✿ linha de bordar preta ✿ agulha de bordar ✿ 30 cm de fita com 5 mm de largura ✿ enchimento para brinquedo ✿ agulha

1 **Faça o traçado dos moldes** da p. 236 no papel vegetal e recorte-os para compor as peças do molde.

2 **Estenda a entretela termocolante** com o lado brilhante para baixo sobre o avesso dos tecidos do corpo e das asas. Passe com o ferro quase frio para unir a entretela e o tecido.

3 **Una com alfinetes as peças do molde** e as peças de tecido correspondentes e corte-as. Corte um total de oito asas e dois corpos, mas inverta a peça do molde ao cortar quatro das asas, para formar quatro pares.

4 **Una as asas com alfinetes**, lado direito com lado direito. Deixando a borda reta sem costurar, costure em torno da curva, com margem de costura de 5 mm. Corte rente às margens de costura, em torno da curva. Vire a asa para o lado direito através da borda sem costura e passe a ferro.

5 **Corte um pedaço de celofane** para ser encaixado dentro da asa e insira-o pela borda sem costura. O celofane vai fazer a asa ondular. Repita os passos 4 e 5 para fazer as três asas restantes.

6 **Usando linha de bordar**, borde dois nós franceses (p. 224) na ponta da cabeça de cada corpo para fazer os olhos da borboleta. Use a fotografia principal para se orientar.

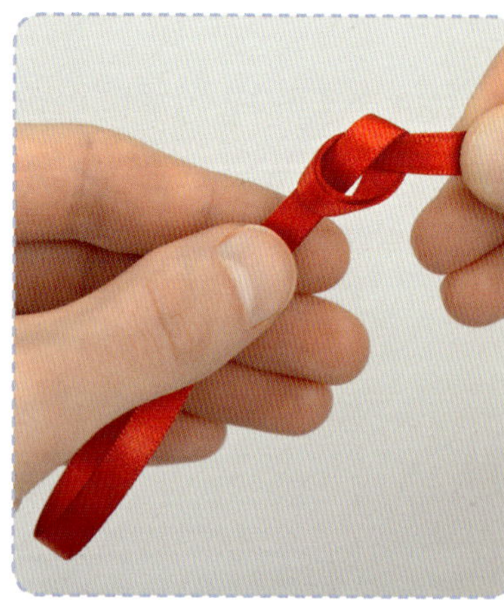

7 **Dobre a fita** ao meio e dê um nó firme na ponta. Para a antena, corte duas tiras de linha de bordar de 13 cm, dobre ao meio e dê vários nós na ponta, um sobre o outro, para formar um nó grande. Dê um nó na outra ponta de cada fio.

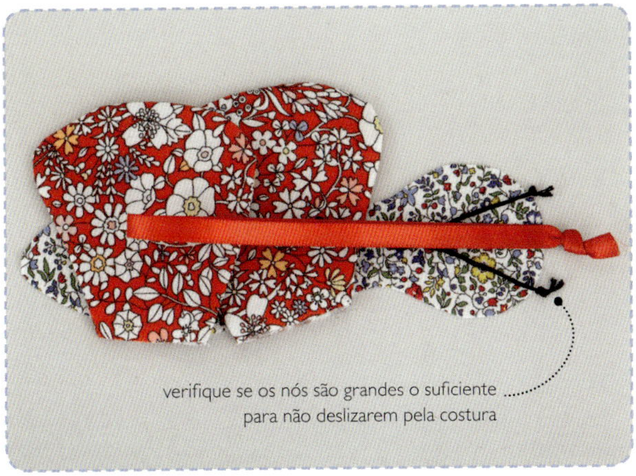

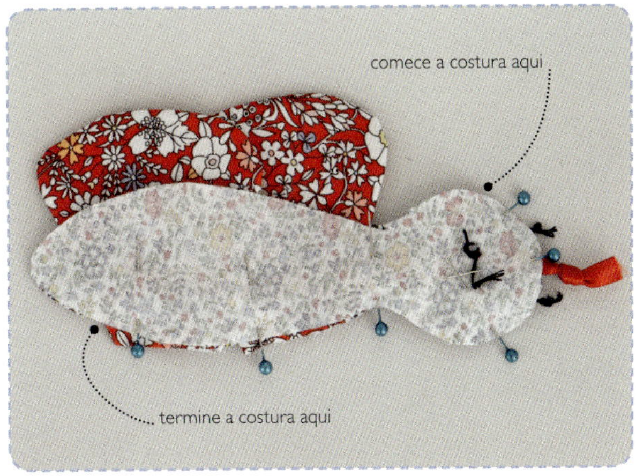

8 **Estenda uma peça do corpo com o lado direito virado para cima**, depois coloque duas asas em cima de modo que as bordas sem acabamento se sobreponham levemente sobre um lado do corpo. Verifique se as asas estão na posição correta, como marcado no molde. Coloque a fita no centro da cabeça com o nó saliente. Coloque uma antena em cada lado da fita com os nós grandes também sobressaindo.

9 **Coloque a segunda peça do corpo em cima**, com o lado direito para baixo, e prenda no lugar com alfinetes ao longo de uma lateral. Costure apenas em volta da área com alfinetes, deixando margem de costura de 5 mm. Dê pontos para a frente e para trás sobre a fita e a antena várias vezes até prender bem as peças no lugar. Remova os alfinetes conforme a costura avança.

10 **Dobre as asas duas vezes** para ficarem dentro do corpo e prenda-as com alfinetes. É importante que as cabeças dos alfinetes fiquem viradas para a parte inferior do corpo da borboleta, para poder removê-los depois.

11 **Dobre as outras duas asas** duas vezes e prenda com alfinetes para manter as dobras no lugar.

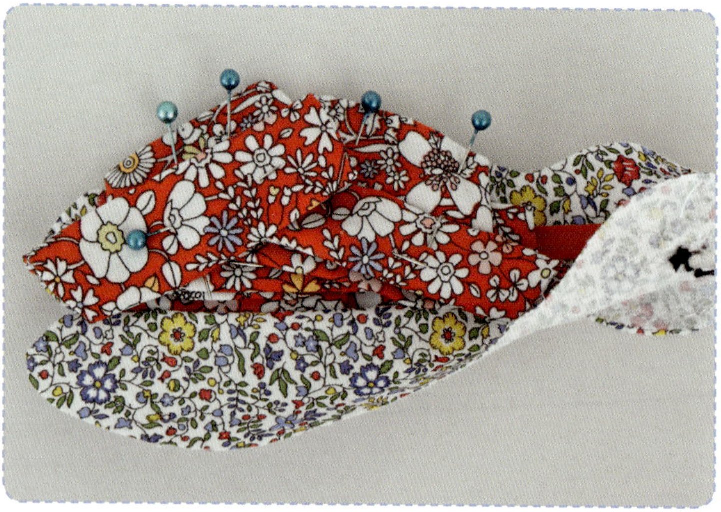

12 **Coloque estas duas asas** no lado oposto do corpo, de modo que as bordas sem acabamento se projetem um pouco sobre um lado do corpo. Prenda com alfinetes. Confira se as asas estão na posição correta, como marcado no molde, e se todas as cabeças dos alfinetes de dentro estão viradas para a parte inferior do corpo da borboleta.

13 **Dobre a segunda peça do corpo para trás**, alinhando as bordas das duas partes do corpo em toda a volta. Prenda no lugar com alfinetes. Talvez seja mais fácil alinhar as bordas inclinando um pouco os alfinetes.

14 **Deixando a parte inferior** do corpo da borboleta aberto, costure em volta da borda com alfinetes até o início da costura que foi feita no passo 9. Deixe margem de costura de 5 mm. Tome cuidado para não apanhar as asas dobradas na costura.

15 **Use as mãos para remover com cuidado** os alfinetes das asas dentro do corpo, depois vire para o lado direito. Passe a ferro frio, só para esticar um pouco o tecido e não derreter o celofane. Coloque enchimento para brinquedo no corpo da borboleta e depois costure a parte inferior à mão. Confira se a costura de todas as peças está bem firme e se a fita não oferece nenhum risco.

Ratinho divertido

Nenhuma criança vai resistir à vontade de carregar esse ratinho fofo com pernas e braços desengonçados e orelhas grandes e macias. Escolha tecidos resistentes, como os de algodão grosso, para o ratinho durar bastante tempo.

MATERIAL ✿ papel vegetal ✿ marcador ✿ tesoura ✿ alfinetes ✿ tecido de 26,5 cm x 42 cm para o corpo ✿ tecido de 61 cm x 42 cm para a cabeça e as extremidades ✿ tecido de 28 cm x 20 cm para os detalhes ✿ lápis ✿ máquina de costura ✿ linha de cor que combine ✿ enchimento para brinquedo ✿ pincel fino ou pauzinhos ✿ agulha ✿ agulha com orifício grande ✿ linha de bordar branca e azul-marinho

1 **Faça o traçado dos moldes** da p. 245 no papel vegetal e recorte-os para compor as peças do molde.

2 **Prenda as peças do molde** aos tecidos correspondentes e corte-os seguindo as instruções nos moldes. Para fazer o rabo, desenhe e recorte também dois círculos de 5 cm de diâmetro e uma faixa de 4 cm x 21,5 cm do tecido para os detalhes. Por último, para fazer as pernas, corte dois retângulos de 18 cm x 16,5 cm do tecido.

3 **Dobre um dos retângulos** de 18 cm x 16,5 cm da perna ao meio, no sentido do comprimento, lados direitos juntos. Alinhe as bordas e prenda com alfinetes. Meça e marque 1 cm a partir das bordas alinhadas em uma ponta do retângulo e 5 mm na outra. Desenhe uma linha suave entre as duas marcas. Costure ao longo da linha para fazer a costura da perna, depois ajuste a margem de costura para 5 mm.

4 **Prenda com alfinetes um dos círculos de 5 cm**, lados direitos juntos, dentro da abertura maior em uma extremidade da perna.

5 **Deixando margem de costura de 5 mm**, costure em volta da borda, erguendo o calcador para girar o tecido conforme necessário. Remova os alfinetes à medida que a costura avança.

6 **Corte rente à margem de costura curva**, vire a perna para o lado direito, passe a ferro e coloque um pouco de enchimento para brinquedo. Prenda com alfinetes e costure a borda superior da perna para fechá-la, deixando margem de 5 mm e posicionando a costura de modo que fique na parte de trás da perna. Repita os passos 3-6 na outra perna.

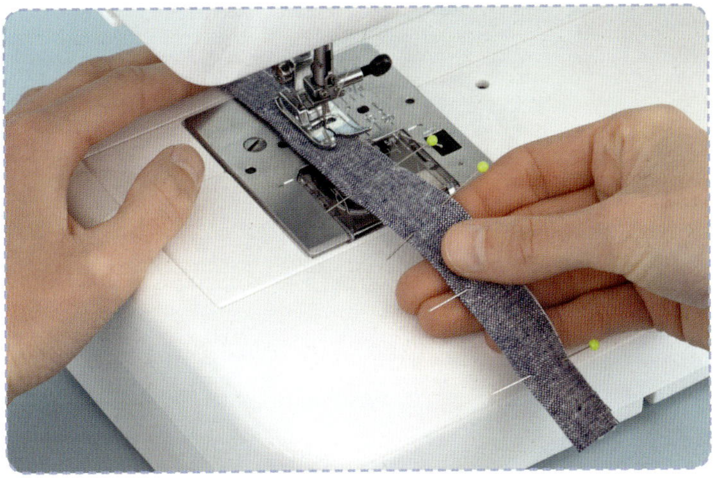

7 **Dobre a faixa do rabo** ao meio no sentido do comprimento e prenda com alfinetes. Costure ao longo de uma ponta curta e ao longo da borda longa, deixando margem de costura de 1 cm. Deixe a outra ponta curta descosturada para poder virar o rabo para o lado direito.

8 **Usando um instrumento longo, fino** e sem ponta, como a haste de um pincel fino ou um pauzinho, vire o rabo para o lado direito e passe a ferro.

9 **Com uma das peças do corpo** com o lado direito para cima, coloque o rabo dentro do topo da pence. Dobre a peça do corpo ao meio, lado direito com lado direito, deixando o rabo no meio. Coloque alfinetes ao longo da pence, conferindo se o rabo está preso no lugar, entre as bordas da pence.

10 **Deixando margem de costura de 5 mm**, costure ao longo da pence acompanhando a curva do tecido. Dê pontos para a frente e para trás algumas vezes sobre a ponta do rabo para que a costura fique firme e ele não se desprenda. Esta peça será as costas do rato. Use o mesmo método para costurar a pence na frente do corpo do rato.

11 **Coloque as duas peças do braço**, lado direito com lado direito, e prenda com alfinetes. Deixando a borda reta sem costurar, costure em torno das bordas com margem de costura de 5 mm. Corte rente à margem de costura, vire para o lado direito, passe a ferro e coloque um pouco de enchimento. Deixando margem de costura de 5 mm, prenda com alfinetes e costure a ponta aberta. Repita no outro braço.

12 **Estenda as costas do rato** com o lado direito para cima e o rabo voltado para a cabeça. Prenda uma perna com alfinetes, na parte inferior das costas. A costura da perna deve estar virada para baixo, para que fique na parte de trás quando a perna for costurada no lugar. Deixando margem de costura de 5 mm, costure a borda da perna no corpo.

13 **Repita na outra perna**, depois acrescente os braços. Os braços e as pernas agora serão costurados na parte de trás do rato. Encaixe braços e pernas no corpo.

14 **Coloque a frente do corpo do rato** com o lado direito para baixo, sobre a parte de trás, e os braços e pernas. Alinhe as bordas e una as partes da frente e de trás com alfinetes. Com margem de costura de 1 cm, costure em torno das bordas com alfinetes, deixando a borda reta sem costurar.

15 **Corte rente à margem de costura** em volta das curvas, depois vire o corpo para o lado direito através da borda sem costura.

16 **Prenda com alfinetes as duas peças do rosto**, lados direitos juntos, e costure apenas em volta da borda curva, deixando margem de costura de 1 cm. Corte rente à margem de costura em volta da curva, depois vire o rosto para o lado direito.

17 **Junte as orelhas com alfinetes**, lados direitos unidos, uma peça com o tecido das extremidades e a outra com o tecido dos detalhes. Costure apenas em volta da borda curva, deixando margem de costura de 5 mm. Corte rente à margem de costura, vire a orelha para o lado direito e passe a ferro. Repita na outra orelha.

18 **Faça uma pequena dobra** de aproximadamente 5 mm na borda inferior direita do que será a orelha esquerda e outra na borda inferior esquerda do que será a orelha direita, de modo que, ao posicionar as orelhas no lugar, as dobras fiquem no topo da cabeça do rato. Costure as dobras e depois prenda com alfinetes uma orelha em cada lado da cabeça. Costure as orelhas na cabeça, deixando margem de costura de 5 mm.

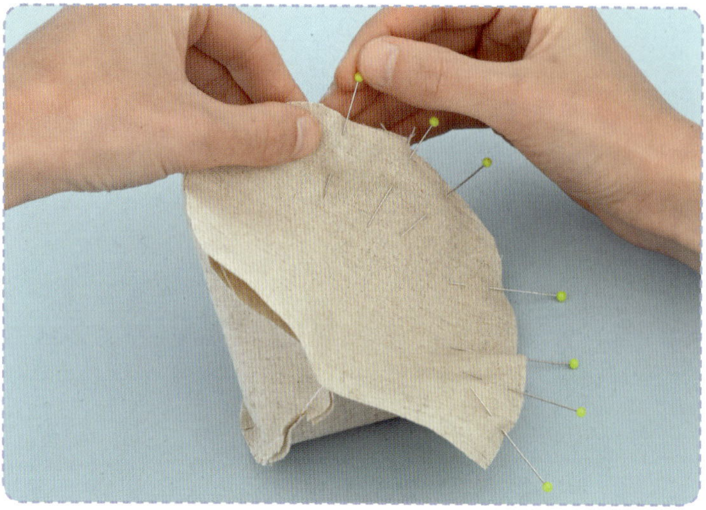

19 **Vire o rosto do avesso**, com as orelhas dentro. Prenda com alfinetes a parte de trás da cabeça e o rosto, lados direitos juntos, ao longo das bordas curvas. Costure ao longo das bordas curvas, deixando margem de costura de 1 cm. Deixe a borda inferior reta aberta, que será o pescoço. Corte rente à margem de costura em volta da curva, depois vire a cabeça para o lado direito.

20 **Prenda com alfinetes a borda** frontal do pescoço à frente do corpo, lados direitos juntos. Costure ao longo das bordas com alfinetes, deixando margem de costura de 1 cm.

21 **Coloque enchimento para brinquedo no corpo e na cabeça** do rato, depois vire 1 cm da borda sem acabamento para baixo, na parte de trás do pescoço. Usando linha e agulha, costure a abertura. Passe a agulha para a frente e para trás, para apanhar as duas bordas do tecido.

22 **Usando agulha de orifício grande** e linha de bordar branca e azul-marinho, borde os traços do rosto no ratinho (pp. 224-45). Termine dando um nó na ponta do rabo do rato.

Fantoches de animais selvagens

Deixe seu bebê embarcar em uma aventura com safári pela África enquanto você conta histórias a ele usando esses fantoches de dedo. Ou, que tal um passeio imaginário pelo zoológico? Use o molde da cabeça para criar seus próprios personagens e junte-os ao grupo de animais selvagens.

MATERIAL ✿ papel vegetal ✿ marcador ✿ tesoura ✿ alfinetes ✿ retalhos de feltro nas cores azul-claro, rosa, branco, preto, verde-escuro, marrom e amarelo ✿ agulha ✿ linhas de cores que combinem ✿ linha de bordar preta e marrom

1 **Faça o traçado dos moldes** da p. 243 no papel vegetal e recorte-os para compor as peças do molde.

2 **Prenda com alfinetes as peças do molde** às peças equivalentes em feltro, conforme indicado nos moldes, e corte o feltro. Use o mesmo molde da cabeça para os quatro fantoches de dedo, cortando duas peças de cabeça para cada fantoche.

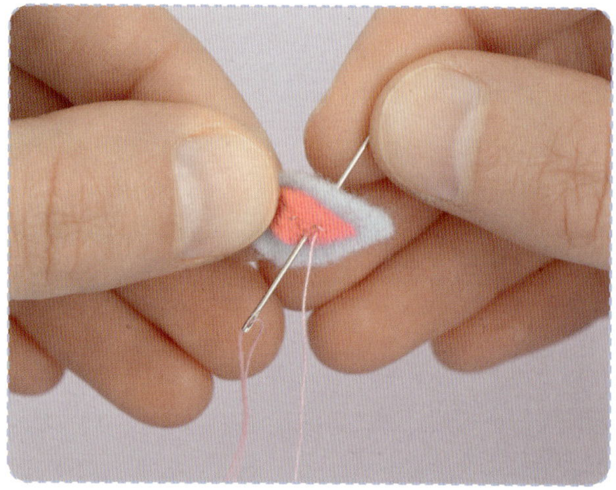

3 **Usando agulha e linha de cor que combine**, comece costurando os detalhes pequenos do rosto em uma das peças da cabeça para cada fantoche. Costure as narinas e os dentes do hipopótamo no focinho; na área da cabeça, aplique os olhos e os dentes do crocodilo e o focinho e as listras da zebra.

4 **Continue a aplicar** os detalhes pequenos nos devidos lugares usando linha de cor que combine. Costure os detalhes internos nas orelhas do hipopótamo e da zebra em rosa.

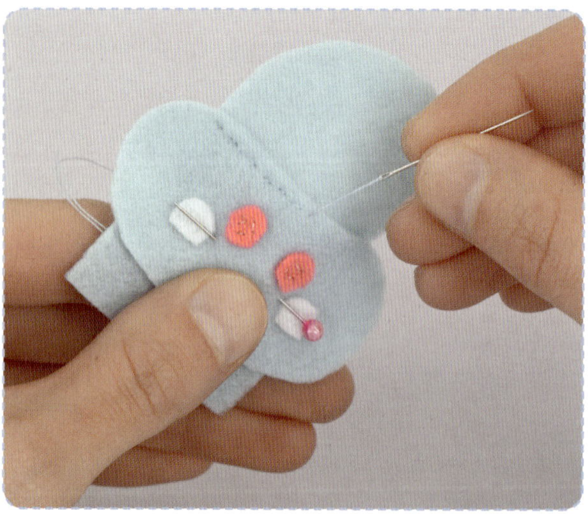

5 **Prenda com alfinetes os detalhes maiores do rosto** nas cabeças e costure-os nas posições. Prenda o focinho do hipopótamo, a juba do leão e as orelhas da zebra. Costure apenas ao longo das bordas superior e inferior do focinho do hipopótamo e em volta da borda interna da juba do leão.

6 **Usando linha e agulha** e com a foto principal e os moldes como exemplo, costure os traços do rosto nos animais. Coloque os olhos, costure pequenas narinas no crocodilo e faça o rosto do leão.

7 **Corte a ponta das linhas** na parte de trás de todas as peças.

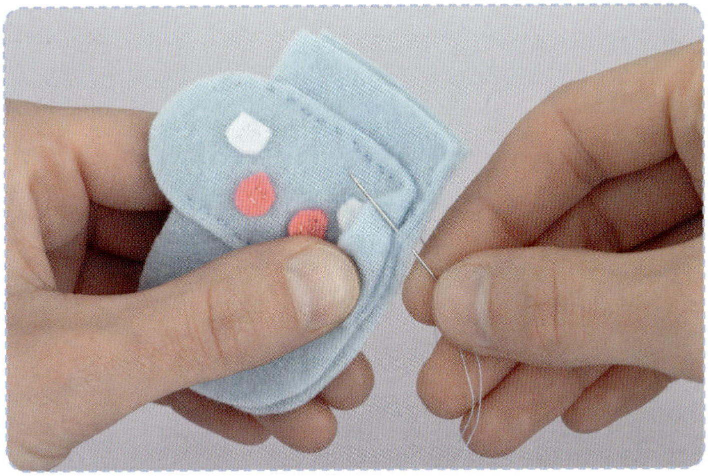

8 **Junte as duas partes acabadas** da cabeça de cada bichinho, alinhando as bordas. Comece a costura por um canto, com linha da cor do feltro, para unir as duas partes da cabeça. À medida que avança, levante as bordas do focinho do hipopótamo e da juba do leão para não apanhá-las na costura.

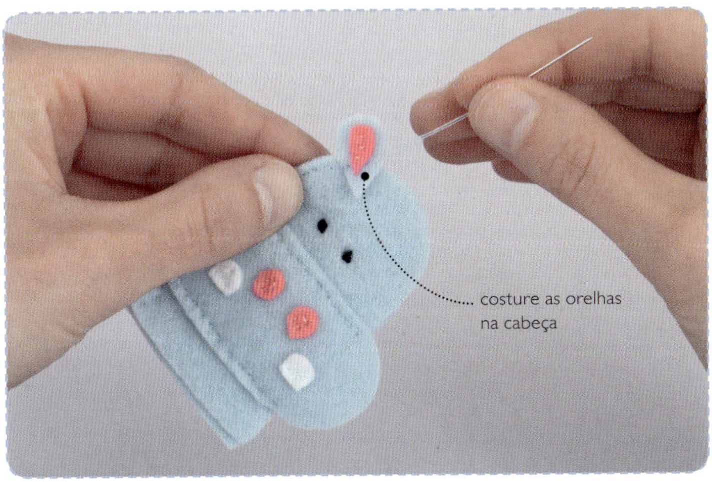

9 **Continue costurando** em volta das peças da cabeça; pregue as orelhas do hipopótamo quando estiver costurando o topo de sua cabeça. Do mesmo modo, encaixe a crina da zebra entre as duas metades da cabeça. Continue até completar a costura de toda a volta, até o outro canto de cada cabeça, deixando a borda inferior aberta para colocar o dedo.

10 **Os fantoches de dedo** estão prontos. Por causa do tamanho deles, devem ser usados só por adultos. Não deixe bebês e crianças menores manuseá-los, pois as peças pequenas podem apresentar risco de asfixia.

Roupas

Conjunto de babadores

Babadores nunca são demais. Com este molde, fica rápido e fácil fazer vários. Compre uma toalha barata ou use uma velha como forro. O molde foi concebido para bebês de seis meses.

MATERIAL ✿ papel vegetal ✿ lápis ✿ tesoura ✿ tecido de algodão de 28 cm x 21,5 cm para cada babador ✿ tecido atoalhado de 28 cm x 21,5 cm para cada babador ✿ alfinetes ✿ máquina de costura ✿ linhas de cores que combinem ✿ ferro ✿ agulha ✿ faixa de Velcro® de cerca de 8 cm

1 **Faça o traçado do molde** da p. 239 no papel vegetal e recorte-o para compor a peça do molde. Una com alfinetes a peça do molde com um tecido de cada vez e corte-o. Para cada babador, corte uma peça em algodão e outra em tecido atoalhado.

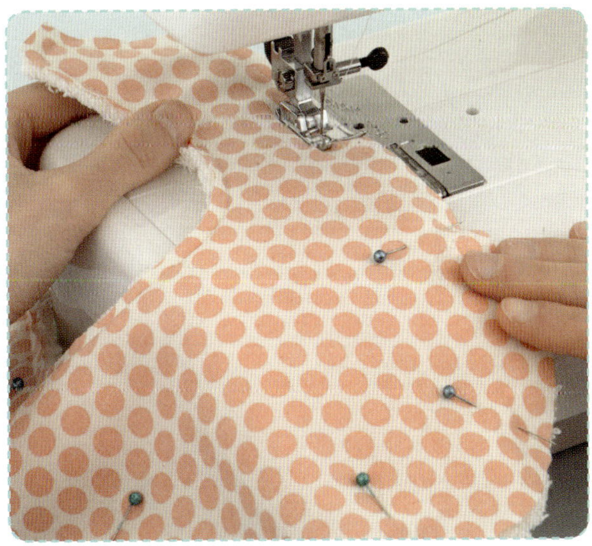

2 **Coloque o tecido de algodão e o atoalhado** com os lados direitos juntos e una-os com alfinetes. Deixando margem de costura de 1 cm, costure todo o contorno da borda com uma distância de 7 cm na borda inferior para virar o babador.

3 **Corte a margem de costura** ao longo das curvas para deixá-las com 5 mm. Vire o babador para o lado direito por meio da abertura na borda inferior.

4 **Passe o babador a ferro, depois costure** a abertura inferior à mão, passando a agulha para a frente e para trás, para apanhar os dois lados do tecido.

5 **Corte uma faixa de Velcro® de 2 cm** e costure numa das pontas do babador (lado direito, como se vê na foto). Costure a outra metade do velcro na outra ponta do babador, do lado avesso.

DICA *Aumente o molde se quiser fazer um babador maior, para uma criança mais velha.*

TAMANHO
Para bebês de
0-3 meses

Botinha de verão

Essas botas ficam lindas com um vestidinho de verão e são ideais para uma ocasião especial. Também é possível fazê-las em versão para meninos: basta escolher fitas e tecidos diferentes.

MATERIAL ✿ papel vegetal ✿ lápis ✿ tesoura ✿ alfinetes ✿ tecido principal de 28 cm x 46 cm ✿ tecido para o forro de 28 cm x 46 cm ✿ entretela termocolante fina de 13 cm x 15,5 cm ✿ ferro de passar ✿ máquina de costura com ponto zigue-zague ✿ linha que combine com o tecido ✿ 80 cm de fita de 1 cm de largura de cor que combine com o tecido ✿ linha que combine com a fita ✿ agulha

1 **Faça o traçado dos moldes** da p. 235 no papel vegetal e recorte-os para compor as peças do molde.

2 **Prenda com alfinetes as peças do molde** aos tecidos da frente, do forro e da entretela. Corte a quantidade especificada nos moldes. Para ganhar tempo, corte os tecidos da frente e do forro juntos.

3 **Passe as entretelas** contra o avesso das peças do tecido principal, verificando se estão centralizadas.

4 **Coloque a frente do tecido principal** e do forro com os lados direitos juntos e una-os com alfinetes. Costure somente a borda superior, deixando margem de costura de 5 mm.

5 **Ajuste a margem de costura** para 2,5 mm e corte as curvas e os cantos. Vire a frente para o lado direito e passe a ferro.

6 **Coloque as costas do tecido principal** e do forro com os lados direitos juntos e una-os com alfinetes. Costure em volta das bordas superiores e das laterais, deixando margem de costura de 5 mm. Apare a margem de costura para 2,5 mm e corte as curvas. Vire para o lado direito e passe a ferro.

7 **Posicione as solas do tecido principal** e do forro, avesso com avesso, e prenda com alfinetes. Alfinete a parte de trás e central das peças da sola com o centro das costas, lados direitos juntos, onde indicado.

8 **Começando pela parte de trás central**, continue colocando alfinetes na parte posterior das solas, lados direitos juntos.

9 **Costure os forros e as solas** deixando margem de costura de 5 mm e aparando com cuidado em volta da área do calcanhar, à medida que a costura avança, para formar uma curva suave.

10 **Prenda com alfinetes a frente das botinhas** e as solas, lados direitos juntos, fazendo coincidir o centro da frente das duas peças e sobrepondo 1 cm de ambas as laterais da frente.

11 **Costure as peças da frente no lugar**, depois ajuste as margens de costura para 2,5 mm, cortando rente às curvas. Arremate com zigue-zague em volta das costuras.

12 **Vire as botinhas para o lado direito**; com os dedos, enrole a costura para fazer a curva da sola.

13 **Ao terminar**, corte quatro pedaços de fita do mesmo comprimento e costure à mão dois em cada botinha, no local indicado com um X no molde.

DICA *Costurar itens pequenos é mais complicado, por isso trabalhe sem pressa, para não errar.*

Bodies com fuxicos

Rápidos e fáceis de fazer, os fuxicos podem ser costurados na maioria dos itens para dar um toque especial. Simples, esses bodies podem ser feitos em menos de uma hora. É importante verificar se os enfeites estão bem presos para que não saiam na lavagem ou nas mãos do bebê.

MATERIAL ✿ 3 bodies ou camisetas do tamanho de sua preferência ✿ papel vegetal ✿ caneta ✿ tesoura ✿ alfinetes ✿ retalhos de tecidos leves, de no mínimo 9 cm x 9 cm cada ✿ agulha ✿ linha ✿ bastidor pequeno para bordar ✿ agulha de bordar de orifício grande ✿ linha de bordar verde e preta ✿ cinco botões

1 **Lave os bodies ou camisetas antes** por causa do possível encolhimento. Faça o traçado dos moldes pequenos, médios e grandes da p. 233 no papel vegetal e recorte-os para compor as peças do molde. Prenda com alfinetes as peças dos moldes e os tecidos e corte os fuxicos necessários para o projeto.

2 **Para fazer o fuxico**, coloque linha na agulha e dê um nó firme na ponta da linha. Trabalhando em volta da borda do círculo, dobre cerca de 3 mm para o avesso. Costure com ponto corrido aproximadamente 3 mm no comprimento ao longo da borda dobrada, passando a agulha para trás e para a frente.

3 **Depois de costurar** toda a volta da borda do círculo, puxe devagar a linha para franzir os pontos e puxe o círculo para formar o fuxico. Trabalhe com cuidado para que o franzido do fuxico fique uniforme e a linha não rompa.

4 **Quando o franzido do fuxico estiver uniforme**, leve a agulha para o avesso e dê um nó. Verifique se a linha está bem esticada antes de dar o nó, para que o fuxico permaneça franzido de modo uniforme.

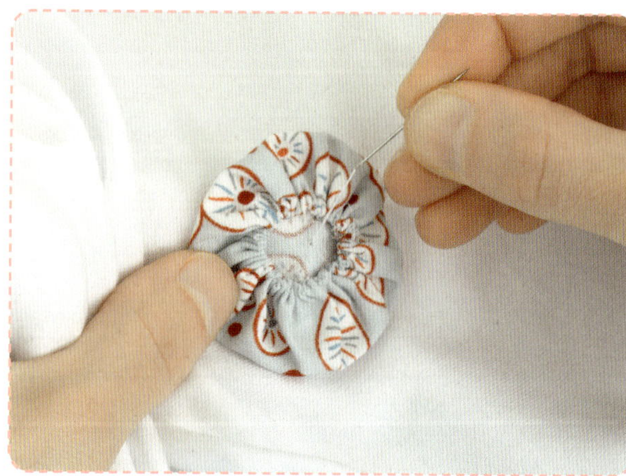

5 **Coloque o fuxico sobre o body**, no local desejado, orientando-se pela fotografia principal. Aplique o fuxico no body deixando-o bem preso e trabalhando os pontos no centro dele.

Fuxico duplo

1 **Para fazer o fuxico duplo**, siga os passos 2-5 das pp. 161-2 usando um fuxico médio. Costure o fuxico no body, tomando cuidado para apanhar apenas as costas do fuxico, sem passar os pontos pela frente.

2 **Faça um fuxico pequeno** e coloque-o sobre o fuxico médio. Costure com firmeza, como no passo 5 da página ao lado. Costure o fuxico pequeno no fuxico médio, apanhando apenas as costas do fuxico pequeno.

3 **Coloque o botão** no centro do fuxico pequeno. Use linha de cor que combine para pregar o botão, costurando através dos centros dos dois fuxicos e do tecido do body.

Fuxicos de flores

Para compor a flor dos fuxicos, prepare três fuxicos médios. Prenda os fuxicos e acrescente botões ao body usando a técnica mostrada antes. Coloque o bastidor sobre a área a ser trabalhada. Orientando-se pela foto e pelas técnicas de ponto de bordado das pp. 224-5, borde os caules e as folhas com linha de bordar verde. Por último, remova o bastidor e costure as bordas dos fuxicos.

Balão de ar quente

1 **Para o desenho do balão de ar**, faça um fuxico com um círculo grande. Posicione-a corretamente sobre o body, depois coloque o bastidor de bordar sobre a área a ser trabalhada. Orientando-se pelas fotos e técnicas de ponto de bordado das pp. 224-5, borde o balão de ar sobre o body usando agulha de orifício grande e linha de bordar preta. Verifique se os pontos para os cabos estão logo abaixo da borda do fuxico. Depois de concluir o desenho, arremate com um nó pelo avesso.

2 **Posicione o botão** sobre o furo do fuxico. Usando linha que combine, pregue o botão no lugar. Deixe-o bem firme para que não se despregue e apresente risco de asfixia ao bebê.

3 **Retire o bastidor** e costure o fuxico no body, tomando cuidado para apanhar apenas as costas do fuxico, sem passar os pontos pela frente. Depois de aplicar o fuxico no body, arremate com um nó na parte de trás do fuxico.

DICA *O tecido não pode ficar repuxado no bastidor para que os pontos não fiquem torcidos.*

Gorro para dias ensolarados

Perfeito para dias de sol no parque ou para um piquenique, esse gorrinho de pano serve para bebês de 9 a 12 meses. Escolha tecidos claros, que combinem entre si, para fazer a frente e o forro.

MATERIAL ✿ papel vegetal ou papel de seda ✿ lápis ✿ tesoura ✿ alfinetes ✿ tecido principal de algodão de 48,5 cm x 58,5 cm ✿ tecido de algodão para o forro de 48,5 cm x 51 cm ✿ entretela termocolante de 18 cm x 35,5 cm ✿ ferro ✿ máquina de costura ✿ linha de cor que combine ✿ 25,5 cm de elástico de 1 cm ✿ 2 alfinetes de segurança

1 **Faça o traçado dos moldes** da p. 238 no papel vegetal ou papel de seda e recorte-os. Prenda com alfinetes as peças do molde aos tecidos e à entretela, como especificado no molde. Corte-os.

2 **Passe a entretela** contra o lado avesso do tecido principal da aba e contra o tecido do forro da aba. O lado brilhante da entretela deve estar virado para baixo. Siga as instruções que vêm com a entretela ao passá-la a ferro no tecido.

3 **Dobre e prenda com alfinetes** as peças das faixas de amarrar no comprimento, lados direitos juntos, como indicado no molde. Costure ao longo das pontas em ângulo e das laterais compridas, deixando margem de costura de 1 cm. Vire para o lado direito e passe a ferro.

4 **Coloque as peças da aba** com entretela com os lados direitos juntos e costure em volta da borda, com margem de costura de 1 cm. Corte e junte as curvas, vire para o lado direito e passe a ferro.

5 **Coloque a aba na borda** do tecido principal da cabeça, lados direitos juntos e com os centros nivelados. Coloque o tecido do forro da cabeça em cima, alinhando as bordas frontais e encaixando a aba no meio. Costure ao longo da borda, pegando todas as camadas, depois vire para o lado direito e passe a ferro.

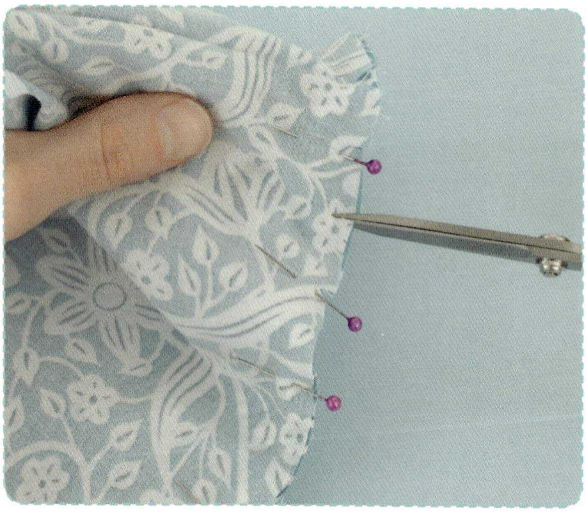

6 **Alinhando as marcações** no molde, prenda com alfinetes as costas do tecido principal à borda livre do tecido principal da cabeça, lados direitos juntos. Faça cortes de 5 mm ao longo da borda curva.

7 **Costure ao longo das bordas curvas** com alfinetes, deixando margem de costura de 1 cm. Passe a costura em direção ao centro do gorro. Repita os passos 6 e 7 para juntar o forro da parte de trás com o forro da cabeça. Vire o gorro para o lado direito.

8 **Junte a borda inferior** de trás prendendo com alfinetes as bordas livres das costas do tecido e do forro, alinhando as costuras. Costure ao longo de todo o comprimento.

9 **Prenda com alfinetes as faixas de amarrar** aos dois cantos da frente abaixo da aba, a 5 mm da borda inferior. Posicione-as de modo que fiquem para fora, como mostrado acima. Costure-as no lugar.

10 **Dobre 2 cm da borda inferior para cima**, em direção ao forro do gorro, depois dobre a mesma medida de novo para cima. Prenda no lugar com alfinetes.

11 **Para formar a bainha para o elástico**, costure perto da borda da primeira dobra que foi feita, removendo os alfinetes à medida que a costura avança.

12 **Com um alfinete de segurança em cada ponta** do elástico, insira-o dentro da bainha, de modo que as pontas com alfinetes não fiquem visíveis dentro da bainha.

13 **Pesponte ao longo da bainha e sobre a costura,** juntando as costas do gorro à cabeça de apenas um lado: isso irá prender o elástico naquela lateral do gorro.

14 **Puxe a outra ponta do elástico** para franzir o tecido nas costas do gorro. Costure ao longo da bainha e sobre a costura, juntando as costas e a cabeça do gorro para prender o elástico no lugar nesta lateral, como no passo 13. Cada ponta do elástico ainda terá um alfinete de segurança preso a ela.

15 **Puxe um dos alfinetes de segurança** para puxar a ponta do elástico para fora da bainha. Corte o elástico o mais curto possível. O elástico restante voltará para dentro da bainha e não ficará mais visível. Repita na outra lateral do gorro.

DICA *Passe o tecido a ferro após cada passo e garanta um acabamento perfeito.*

Opções de brinquedos

pp. 96-9, 104-7 e 124-9

Bodies com temas marítimos

A combinação de estênceis feitos de papel termocolante com tintas de tecido proporciona uma maneira rápida e fácil de adornar bodies, camisetas ou outras roupas de bebês – as possibilidades são infinitas. Use os moldes de estêncil fornecidos no livro ou desenhe os seus.

MATERIAL ✿ papel termocolante ✿ marcador ✿ tesoura ✿ estilete ✿ base de corte ✿ 1 body de bebê para cada estêncil ✿ ferro de passar ✿ cartolina ✿ tintas de tecido em azul-escuro, verde, laranja, vermelho, roxo e branco, ou outras de sua preferência ✿ 1 pincel por cor, ou lave bem o pincel entre as mudanças de cor

1 **Lave antes as peças de roupa** que receberão estêncil por causa do possível encolhimento. Faça o traçado dos moldes da p. 241 no lado opaco do papel termocolante, deixando bastante espaço em volta de cada desenho. Use tesoura para cortar cada um, de forma a centralizá-lo em um retângulo de papel.

2 **Usando estilete** sobre uma base de corte, recorte o papel termocolante do contorno para criar cada estêncil.

3 **Centralize o estêncil**, sobre a frente do body do bebê, com o lado brilhante para baixo. Passe a ferro o estêncil na posição, verificando se o tecido sob ele está esticado. O estêncil deve ficar bem fixado, especialmente em volta das bordas cortadas do desenho.

4 **Coloque um pedaço de cartolina** dentro do body, por trás do estêncil, para a tinta não vazar. Use a tinta branca para misturar e fazer versões mais claras com as tintas azul e roxa, para os desenhos com dois tons. Use o pincel para espalhar a tinta com cuidado e de modo uniforme sobre o estêncil.

5 **Deixe a tinta secar** para aplicar a segunda camada. Espere secar completamente. Se necessário, lave o pincel e siga para o próximo desenho de estêncil.

6 **Quando a segunda camada de tinta estiver seca**, retire o estêncil. Dê acabamento conforme recomendado pelo fabricante de tinta – geralmente é passando a ferro. Lave e seque a roupa pintada de acordo com as instruções do fabricante.

Faixa de cabelo com fuxico

A faixa de cabelo é um lindo acessório para meninas. Este modelo foi criado com jérsei, que é bem confortável de usar. Escolha tecido e botão de cores alegres para fazer o fuxico, assim ele se destacará.

MATERIAL ✿ jérsei macio, de 7,5 cm x 58,5 cm ✿ fita métrica ✿ tesoura ✿ alfinetes ✿ máquina de costura com ponto zigue-zague ✿ linha da cor do tecido ✿ alfinete de segurança ✿ no mínimo 38 cm de elástico com largura de 1 cm ✿ agulha ✿ papel vegetal ✿ lápis ✿ retalho de algodão estampado leve de no mínimo 9 cm x 9 cm ✿ 1 botão de 2 cm de diâmetro ✿ linha da cor do botão

1 **É importante que o jérsei** estique no comprimento, para que estique na cabeça da criança depois que estiver com elástico.

2 **Dobre o tecido ao meio e prenda com alfinetes**, lados direitos juntos, alinhando as bordas de modo uniforme. Isso deve resultar em uma faixa de 58,5 cm de comprimento e 3,75 cm de largura.

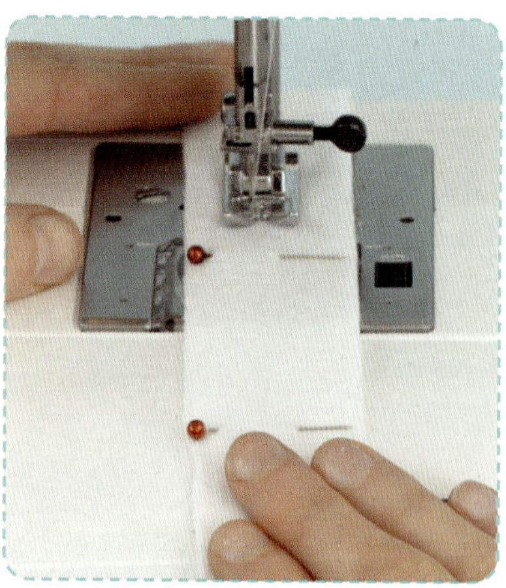

3 **Ajuste a máquina** para ponto zigue-zague largo com comprimento de ponto normal e costure ao longo da faixa, a 2 cm da dobra. O ponto zigue--zague vai permitir que o tecido estique sem romper os pontos.

4 **Apare as margens de costura** para 5 mm. Prenda o alfinete de segurança na ponta do tubo de tecido e use-o para virar o tubo, de modo que fique com o lado direito para fora (p. 226).

5 **Corte um pedaço de elástico** de aproximadamente 38 cm de comprimento. O elástico pode ser mais curto ou mais comprido, dependendo da circunferência da cabeça da criança e da elasticidade dele. O elástico deve esticar o suficiente para entrar na cabeça, sem ser muito apertado para ajustar-se a ela.

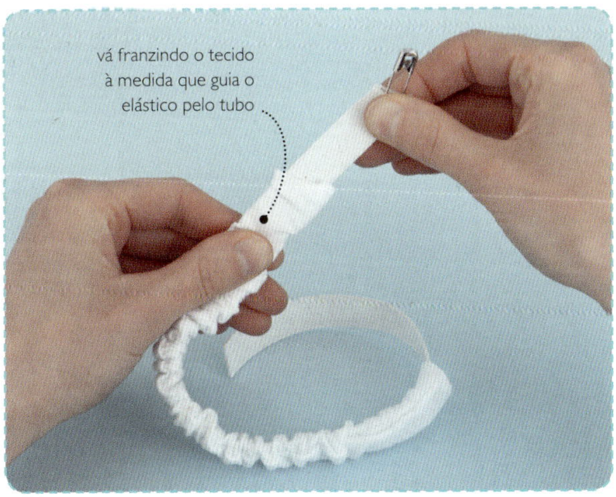

6 **Prenda um alfinete de segurança** na ponta do elástico e use-o para passar o elástico pelo tubo de tecido. No final, as pontas do elástico devem estar um pouco para fora das duas pontas do tecido, com o tubo franzido de modo uniforme no meio.

7 **Sobreponha de leve as duas pontas** do elástico e costure unindo-as. Para isso, dê pontos para a frente e para trás, um sobre o outro, várias vezes. Depois de costurar as pontas do elástico, alise o tubo de tecido sobre as pontas unidas.

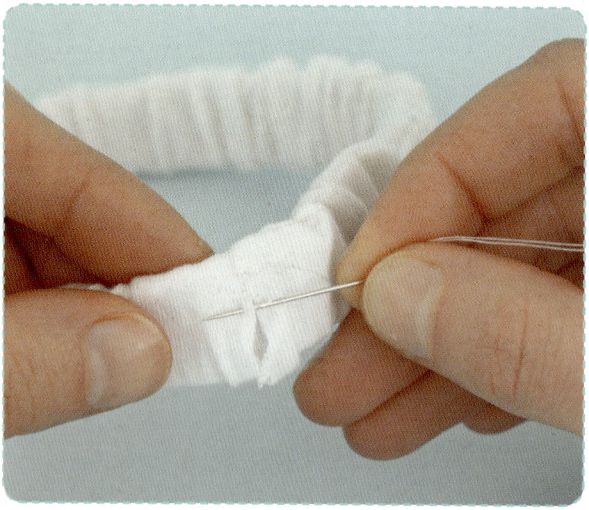

8 **Vire as pontas do tubo de tecido** para dentro. Deixe as pontas viradas para cima para não torcerem, depois costure-as à mão para fechar a faixa de cabelo. Deixe a costura lisa para não irritar o couro cabeludo da criança.

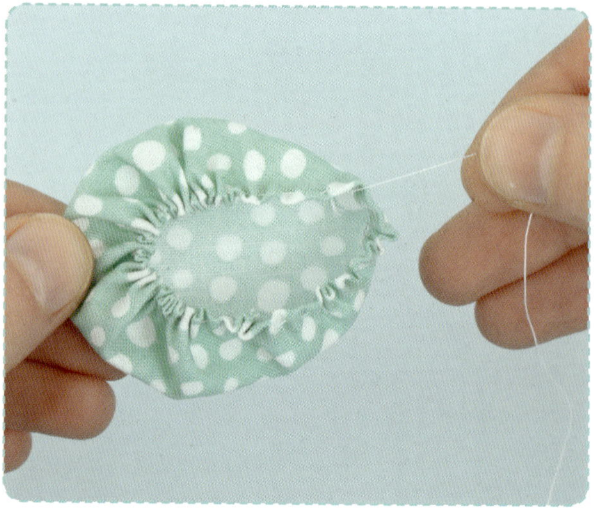

9 **Faça o fuxico** usando o molde do círculo maior da p. 233 e seguindo os passos 1-4 das pp. 161-2.

10 **Costure o fuxico pronto** na faixa de cabelo. Se a costura da faixa de cabeça não ficar completamente lisa, vire-a para a parte de trás da cabeça da criança, onde há menos risco de irritação. Ou posicione a costura mais à mostra e a esconda com o fuxico.

11 **Quando o fuxico estiver no lugar**, pregue o botão na frente do fuxico, com linha da mesma cor. Deixe o botão bem firme para que não se despregue e apresente risco de asfixia ao bebê.

Gorro para recém-nascido

Esse gorro macio e elástico tem o tamanho ideal para recém-nascidos e combina com as luvas das pp. 186-9. Os dois juntos compõem um presente adorável para qualquer bebê. Escolha tecidos apropriados, de acordo com o sexo da criança.

MATERIAL ✿ papel vegetal ✿ lápis ✿ tesoura ✿ 28 cm x 41 cm de jérsei macio e liso ✿ 25,5 cm x 41 cm de jérsei macio e estampado ✿ máquina de costura com ponto zigue-zague ✿ agulha arredondada para a máquina de costura (recomendável) ✿ linhas que combinem com os tecidos ✿ tesoura de picotar (opcional) ✿ agulha

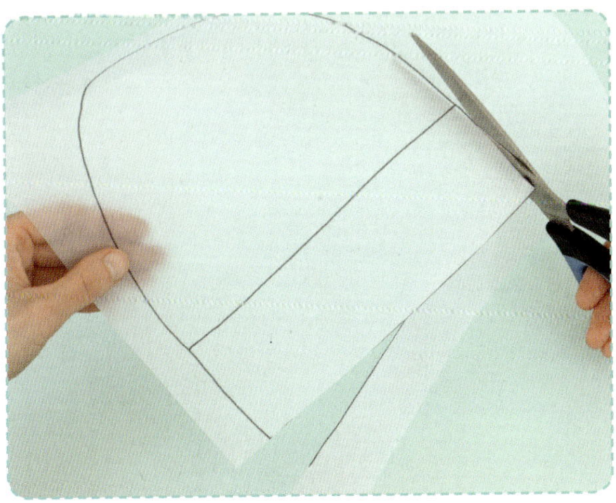

1 **Faça o traçado do molde** da p. 241 no papel vegetal e use-o para cortar uma peça de molde curta e outra longa.

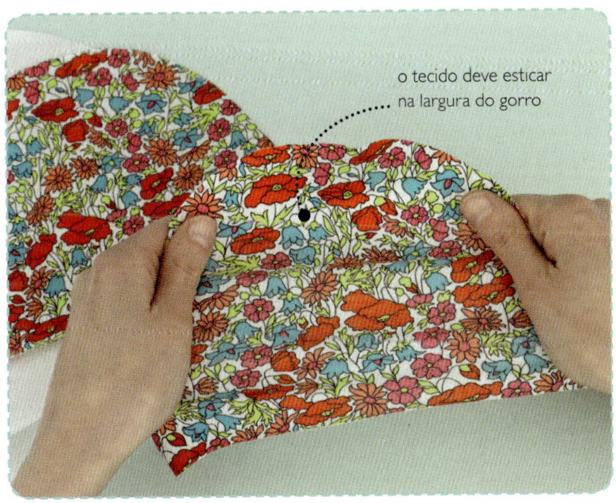

2 **Usando a peça de molde longa**, corte duas peças do tecido liso. Com a peça de molde curta, corte duas peças do tecido estampado. Lembre-se de cortar o tecido de modo que estique na largura do gorro, não no comprimento.

3 **Ajuste a máquina de costura** para dar ponto zigue-zague largo, com comprimento de ponto normal. Coloque as peças do tecido liso com os lados direitos juntos. Usando agulha arredondada, costure em volta da curva, a 1 cm da borda. Ajuste a margem de costura para 5 mm e apare a curva sem apanhar os pontos. Ou use tesoura de picotar para deixar a margem de costura com 5 mm.

4 **Coloque as peças do tecido estampado** com os lados direitos juntos e faça um zigue-zague em volta da curva, deixando margem de costura de 1 cm. Corte rente à margem de costura como no passo 3. Vire para o lado direito e passe a ferro.

5 **Insira o gorro de tecido liso** dentro do gorro de tecido estampado, avesso com avesso. Alinhe as costuras e verifique se o gorro liso está esticado e uniforme dentro do gorro estampado.

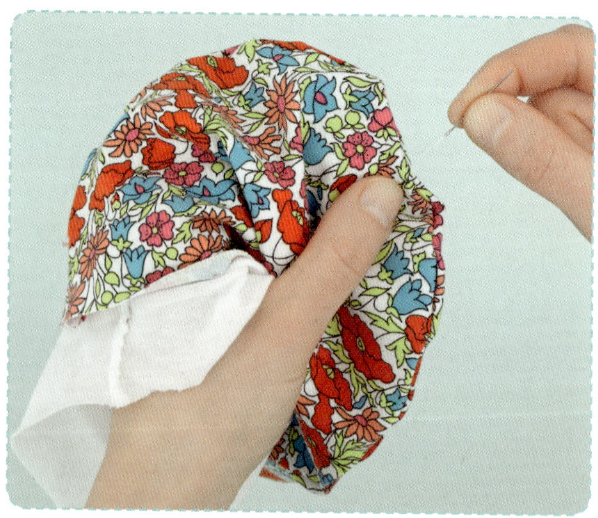

6 **Com linha e agulha**, dê alguns pontos através das costuras curvas no topo do gorro, para juntar a parte interna e externa do gorro.

7 **Dobre duas vezes a borda sem acabamento** do gorro interno, de modo que a primeira dobra fique contra a borda inferior do gorro externo estampado. Confira se a borda está uniforme em toda a volta.

8 **Usando linha e agulha**, costure a borda dobrada do gorro interno ao gorro externo, cobrindo a borda sem acabamento do gorro externo.

Use tecidos macios, que sejam confortáveis para a pele delicada do bebê. O jérsei de bambu orgânico é uma boa opção para a parte interna do gorro.

Luvas para recém-nascido

Criadas para combinar com o gorro para recém-nascido, essas luvinhas evitam que o bebê se arranhe. Escolha um tecido macio e flexível, que seja confortável para a pele delicada do bebê.

MATERIAL ✿ papel vegetal ✿ lápis ✿ tesoura ✿ jérsei macio de 23 cm x 25,5 cm ✿ máquina de costura com ponto zigue-zague ✿ agulha arredondada para a máquina de costura (recomendável) ✿ linha da cor do tecido ✿ 23 cm de elástico com largura de 5 mm ✿ 4 alfinetes de segurança pequenos ✿ tesoura de picotar (opcional)

1 **Faça o traçado do molde** da p. 233 no papel vegetal e recorte-o. Prenda com alfinetes a peça do molde e o tecido e corte em volta. Repita para fazer quatro metades de luva idênticas.

2 **Dobre 3 cm da borda reta** da metade de uma luva para o avesso. Costure à máquina uma linha reta a 5 mm da borda, depois outra linha, paralela à primeira e a 1,5 cm da borda, para formar uma bainha. Repita para as outras três metades de luva.

TAMANHO
Para bebês de
0-3 meses

3 **Corte quatro pedaços de elástico** de 5,5 cm de comprimento cada. Prenda o alfinete de segurança em uma ponta de cada pedaço de elástico e use o alfinete para guiar o elástico dentro da bainha.

4 **Alinhe a ponta do elástico** sem alfinete de segurança com a borda da luva. O restante do elástico estará dentro da bainha. Costure a ponta do elástico no lugar com alguns pontos curtos à máquina, primeiro indo para a frente, depois para trás.

5 **Continue guiando o restante do elástico** pela bainha, de modo que a outra ponta do elástico fique alinhada com a outra borda da luva e com as pregas da bainha. Retire o alfinete e, segurando o elástico, costure na posição, como no passo 4. Repita os passos 4 e 5 para as três metades restantes da luva.

6 **Prenda com alfinetes duas metades juntas**, lados direitos juntos, alinhando as bordas. Ajuste a máquina para ponto zigue-zague largo com comprimento de ponto normal e costure as laterais curvas da luva, perto da borda. Deixe a borda com elástico aberta. Repita na outra luva.

7 **Ajuste a margem de costura** para 5 mm e corte a curva sem apanhar os pontos, ou use tesoura de picotar para aparar a margem de costura. Por último, vire a luva para o lado direito. Repita os passos 6 e 7 na segunda luva.

Quando se trabalha com tecido elástico, é importante não esticar o tecido ao cortar ou costurar, para não deformá-lo.

DICA *A agulha arredondada evita que o jérsei rasgue ao ser costurado à máquina.*

Vestidinho de verão

Esse vestidinho é lindo e muito simples de fazer. O tamanho do molde é para meninas de cerca de um ano. Escolha uma estampa de tecido de algodão ousada e divertida.

MATERIAL ✿ papel vegetal ou papel para molde de costura ✿ lápis ou marcador ✿ tesoura ✿ alfinetes ✿ 1 m de tecido de algodão estampado ✿ entretela termocolante de 50 cm x 40 cm ✿ ferro de passar ✿ máquina de costura com ponto zigue-zague ✿ linha que combine com o tecido ✿ 2 botões de pressão ✿ agulha

1 **Amplie os moldes** da p. 240 conforme as instruções e faça o traçado deles no papel vegetal ou no papel para molde de costura. Corte-os.

2 **Prenda as peças do molde** ao tecido, conforme as instruções. Verifique se as peças do molde estão posicionadas na dobra do tecido marcada e se o molde está virado para a mesma direção nas duas peças principais de tecido. Corte os tecidos.

3 **Prenda com alfinetes** os moldes da parte de trás e da frente à entretela e corte-os. Passe a ferro a entretela com a frente do tecido correspondente. Confira se o lado brilhante da entretela está contra o avesso do tecido.

4 **Faça o bolso** dobrando o tecido com os lados direitos juntos, ao longo da linha indicada no molde. Deixando margem de costura de 1 cm, costure ao longo de todas as laterais, exceto a lateral dobrada. Deixe uma abertura de 2,5 cm na parte inferior do bolso.

5 **Vire o bolso** para o lado direito, pela abertura. Empurre delicadamente os cantos para fora com o alfinete, depois passe a ferro.

6 **Prenda o bolso com alfinetes** na frente do vestido, como indicado no molde, com a borda dobrada do bolso em cima. Costure o bolso à máquina, ao longo de suas laterais e da borda inferior. Deixe a parte de cima do bolso aberta.

DICA
Ao aparar o tecido da costura em curva, ele assenta e fica plano.

7 **Junte a guarnição e a frente do vestido**, lados direitos juntos. Una as duas com alfinetes. Costure à máquina em volta das cavas e do decote, deixando margem de costura de 1 cm. Ajuste a margem de costura para 3 mm, depois apare-a com a tesoura para suavizar a curva, mas não corte os pontos. Repita na guarnição de trás e nas costas do vestido.

8 **Vire a frente e as costas** para o lado direito e passe a ferro em volta das cavas e do decote.

9 **Junte a frente e as costas** pelo lado direito e prenda ambas com alfinetes, abrindo as guarnições com entretela. Marque o ponto onde as guarnições se abrem com alfinete. Costure o lado direito do vestido, girando levemente quando alcançar o alfinete, como mostrado acima. Repita do lado esquerdo do vestido.

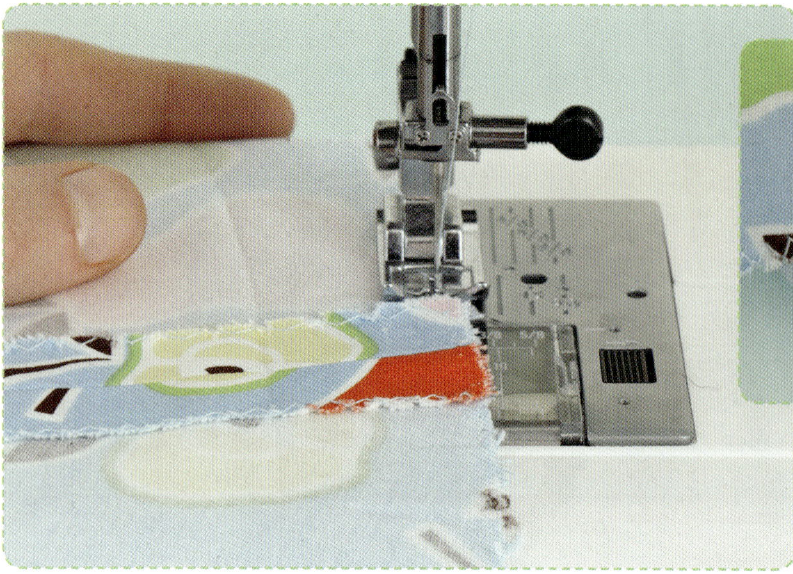

10 **Retire os alfinetes** e ajuste a máquina de costura para dar ponto zigue-zague largo, com comprimento de ponto normal. Dê ponto zigue-zague em todas as bordas sem acabamento do tecido e da barra (foto acima, à direita).

11 **Dobre para cima, prenda com alfinetes e passe** a ferro uma bainha de 4 cm na parte inferior do vestido. A bainha pode ser mais estreita ou mais larga, dependendo do comprimento desejado para o vestido. Costure a bainha à máquina com ponto reto a 2,5 cm da borda.

12 **Costure à mão os botões de pressão** nas alças do ombro, de modo que a alça da frente se sobreponha à de trás.

Para a mamãe

Pingente com impressão digital

Registre para sempre a impressão digital do seu filho em um pingente de prata. O bebê precisa ter pelo menos seis meses para que a marca de seu dedinho fique nítida. Esse pingente é a lembrança ideal para o aniversário de 1 ano.

MATERIAL ✿ óleo (o de cozinha com borrifador é ideal) ✿ folha de Teflon® ou papel impermeável ✿ rolo de macarrão pequeno ✿ 10 g de argila de prata ✿ cartas de baralho ✿ cortador em forma de coração (ou molde e estilete) ✿ canudo pequeno ✿ carimbo pequeno de estrela ✿ filme de PVC ✿ recipiente hermético ✿ espelho ✿ lixas (de granulação 180, 220 e 280) ✿ azulejo ou tijolo ✿ maçarico de cozinha ✿ temporizador ✿ pinça ✿ pires ✿ potassa sulfurada ✿ 2 alicates ✿ argola de prata para corrente ✿ corrente de prata

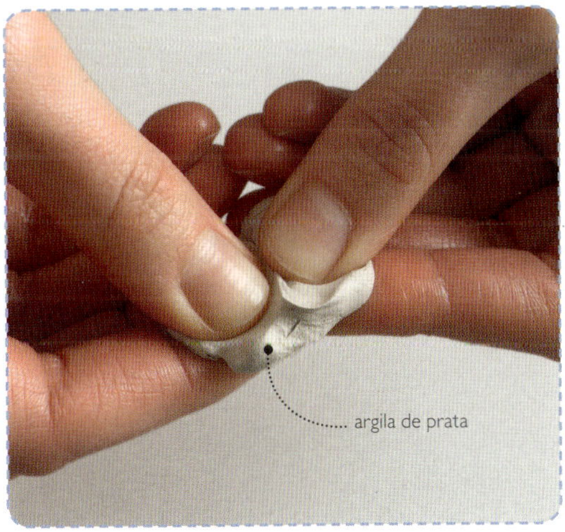

1 **Prepare uma superfície não aderente** espalhando um pouco de óleo sobre a folha de Teflon® ou papel impermeável. Unte o rolo de macarrão e as mãos com um pouco de óleo. Amasse delicadamente a argila de prata entre os dedos. Ela é grudenta no início, mas seca rapidamente, de modo que não pode ser manuseada por muito tempo.

2 **Coloque duas pilhas de cartas de baralho** (seis cartas em cada pilha), com cerca de 5 cm de distância entre elas, na superfície antiaderente. Isso vai servir de orientação para o rolo de macarrão, com a finalidade de deixar a argila com espessura uniforme. Coloque a argila entre as pilhas de cartas e abra a massa, que deve ficar com acabamento liso e proporcional.

3 **Coloque o dedo do bebê na argila**, apertando levemente para deixar uma impressão digital nítida. Para isso, o bebê precisa ter no mínimo seis meses de vida. Se a impressão não ficar boa, abra a argila novamente com o rolo e tente outra vez, tomando cuidado para a argila não secar.

4 **Use o cortador em forma de coração** para marcar suavemente onde a argila será cortada. Posicione-o de modo que a impressão digital fique na posição desejada no pingente. A marca do cortador vai facilitar o posicionamento correto das estrelas. Se as estrelas forem carimbadas depois de cortar a argila, a forma do pingente ficará distorcida.

5 **Usando o canudo**, faça um furo no coração a cerca de 3 mm da borda. Esse furo deve ser grande o bastante para que a argola se movimente livremente. Tenha em mente que a argila irá encolher cerca de 10% durante o processo de fundição.

6 **Aperte o carimbo de estrela** com firmeza na argila, na posição que desejar. Procure apertar o carimbo sempre com a mesma pressão, para que todas as estrelas tenham a mesma aparência e profundidade.

DICA

7 **Corte o coração** posicionando o cortador sobre a marca feita no passo 4. Remova o excesso de argila em torno do cortador, enrole as sobras, envolva em filme de PVC e guarde em recipiente hermético para uso posterior. Se a argila estiver ficando seca, pincele delicadamente com um pouco de água antes de guardá-la.

8 **Deixe a argila secar de um dia para o outro** ou, para agilizar o processo, use o secador de cabelo ou coloque-a no forno a uma temperatura de 150°C por 10 minutos. A argila deve estar totalmente seca antes de usar o maçarico. Confira se está pronta colocando-a sobre o espelho: se houver marcas de condensação, a argila ainda está úmida.

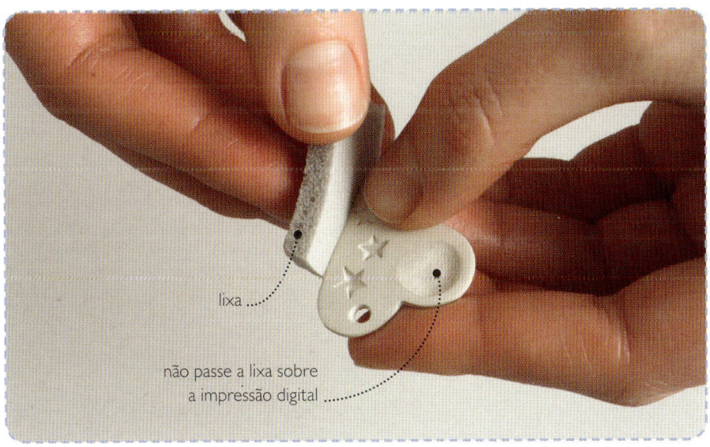

9 **Depois que estiver seca**, a argila fica extremamente frágil, por isso deve ser manuseada com muito cuidado. Lixe o pingente, começando com a lixa de granulação 180. Na sequência, use as lixas de granulação 220 e de 280, para obter um acabamento polido. Não lixe a impressão digital. Ao término, não deve haver nenhuma outra marca além da impressão digital e das estrelas.

Quanto mais tempo se trabalha com a argila, mais seca ela fica; umedeça-a, se surgirem rachaduras.

10 **Coloque o pingente de coração** sobre um azulejo ou tijolo. Programe o temporizador para 2 minutos. Segure o maçarico a cerca de 5 cm da argila e movimente a chama de modo uniforme sobre o pingente. Haverá uma pequena chama e fumaça, depois a argila começa a adquirir uma cor alaranjada. Quando começar a ficar em brasa, inicie o temporizador e continue a direcionar a chama.

COMO QUEIMAR A ARGILA

- A argila metalizada deve ser queimada em ambiente bem ventilado, com pouca luz.
- Tenha à mão uma vasilha com água, pinça de metal e o temporizador.
- Haverá, por apenas alguns segundos, uma pequena chama e fumaça, à medida que o aglutinante orgânico queima.
- A argila começará a ficar alaranjada. Mantenha essa cor por 2 minutos.
- Se começar a ficar avermelhada ou prata brilhante, significa que está quente demais e é necessário mudar levemente a direção da chama.

11 **Quando os dois minutos passarem**, deixe o pingente esfriar sobre o azulejo ou erga-o com cuidado usando a pinça e mergulhe-o numa vasilha com água fria. O coração terá adquirido um tom branco fosco, embora seja feito de prata legítima.

12 **Antes de polir o pingente**, ele deve receber uma camada de pátina para ressaltar a impressão digital e as estrelas. Coloque duas gotas de potassa sulfurada em água quente, mas não fervente. Em seguida, com a pinça, coloque o pingente na solução. A prata ficará preta rapidamente. Quando estiver totalmente preta, use a pinça para retirá-la, lave com água limpa e seque.

13 **Para remover o tom preto**, lixe o pingente novamente, trabalhando da mesma forma, com as lixas de granulação 180 até a mais fina, de 280. Quanto mais tempo lixar, melhor serão os resultados. O acabamento preto deve ser deixado nos detalhes.

14 **Quando estiver satisfeito** com o acabamento, coloque a argola e a corrente. Usando dois alicates, afaste delicadamente as pontas da argola e passe uma ponta pelo furo do pingente. Feche a argola e passe o pingente acabado pela corrente.

Bolsa para fraldas

Crie essa linda bolsa para fraldas com tecidos que combinem com seu gosto e estilo. Se quiser deixar a bolsa mais rígida, inclua entretela termocolante de peso médio em todas as peças de tecido antes de juntá-las com costuras.

MATERIAL ✿ tecido principal de 1,27 m x 81,5 cm ✿ tecido de cor contrastante de 89 cm x 1,17 m para o forro ✿ régua ✿ giz de alfaiate ou lápis ✿ tesoura ✿ papel vegetal ✿ marcador ✿ alfinetes ✿ máquina de costura com ponto zigue-zague ✿ linha de cor que combine ✿ ferro de passar ✿ alfinete de segurança ✿ agulha

1 **Meça e corte todas as peças** para a bolsa seguindo os diagramas e as instruções da p. 249. Use giz de alfaiate ou lápis e régua para medir e marcar todas as peças. Se for necessário cortar duas peças de tecido da mesma estampa, estenda as duas peças e corte-as ao mesmo tempo.

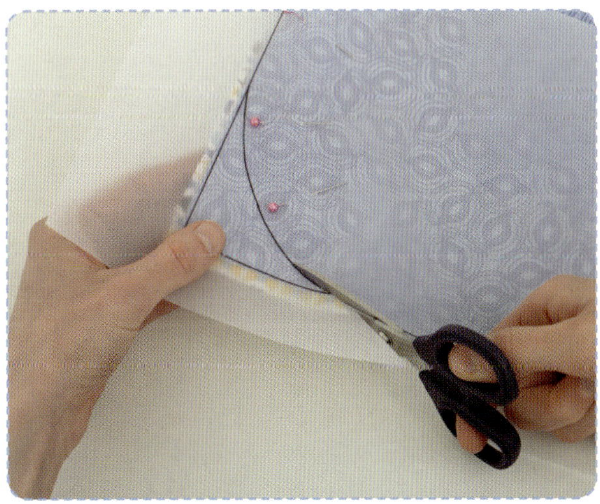

2 **Alinhe os tecidos principal e contrastante** para as costas/aba um sobre o outro e junte-os com alfinetes. Faça o traçado do molde da p. 249 no papel vegetal, depois alinhe o papel com o canto dos tecidos, como marcado no diagrama. Prenda o papel no lugar com alfinetes, depois corte ao longo da linha curva para arredondar o canto. Repita no canto oposto.

3 **Dobre os dois bolsos internos** com os lados direitos juntos ao longo das linhas da dobra marcadas nos diagramas e prenda com alfinetes. Costure em volta das bordas sem acabamento, com margem de costura de 1 cm. Deixe uma abertura de 7,5 cm na costura. Vire cada bolso para o lado direito pela abertura. Use o alfinete para puxar os cantos para fora (passo 5 da p. 192), depois passe os bolsos a ferro.

4 **Faça uma pequena prega** no meio de cada bolso, seguindo as instruções da p. 227. Prenda cada bolso com alfinetes, como marcado nos diagramas: o lado direito para cima sobre o lado direito do forro da bolsa. Prenda com alfinetes o bolso menor ao forro da frente da bolsa e o bolso maior ao forro das costas/aba da bolsa.

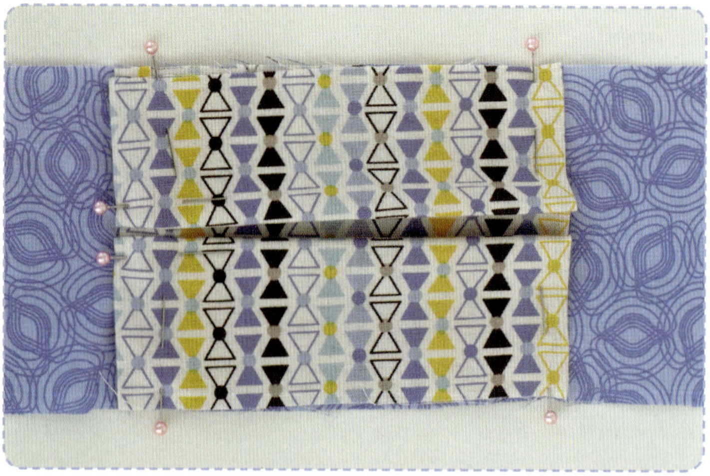

5 **Prenda os bolsos** ao forro costurando ao longo da linha de costura do meio de cada prega, depois em volta da parte inferior de cada bolso e em volta das bordas, deixando a parte superior aberta. Agora, cada bolso terá duas partes.

6 **Dobre os dois bolsos laterais com os lados direitos juntos** ao longo das linhas da dobra marcadas nos diagramas. Prenda com alfinetes e costure unindo as bordas curtas sem acabamento. Vire os bolsos para o lado direito e passe a ferro. Faça uma pequena prega neles seguindo os passos 1-5 da p. 227; alinhe as bordas longas com as bordas de uma das tiras laterais/inferiores. Prenda com alfinetes, deixando os bolsos abertos ao longo de uma borda curta. As aberturas devem estar a 11,5 cm da ponta correspondente da tira lateral/inferior. Prenda os bolsos costurando em torno das laterais e da parte inferior.

TAMANHO
Medida final da bolsa: 26 cm x 37 cm x 7 cm

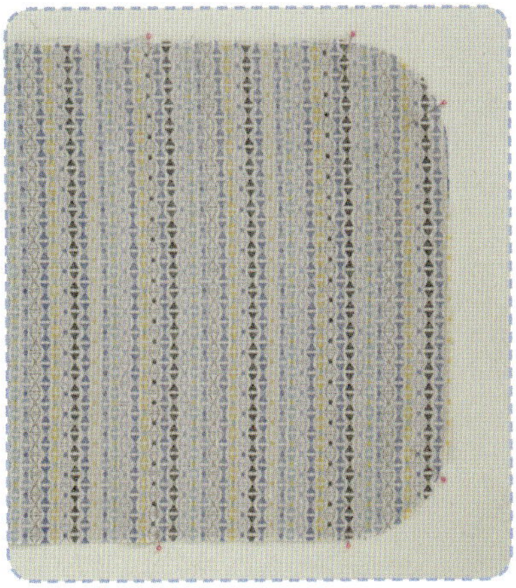

7 **Prenda com alfinetes as peças** das costas/aba do forro e do tecido principal com os lados direitos juntos. Deixando margem de costura de 1 cm, costure em volta da borda curva, entre as duas marcas de corte indicadas nos diagramas.

8 **Corte rente às margens de costura** nas marcas de corte, à direita dos pontos. Ajuste a margem de costura para 3 mm e corte em torno das curvas. Vire para o lado direito e passe a ferro. A parte costurada e curva será a aba da bolsa e a parte sem costura será as costas da bolsa.

9 **Prenda com alfinetes as peças** da frente do forro e do tecido principal com os lados direitos juntos. Costure apenas ao longo da borda superior, depois vire para o lado direito e passe a ferro.

10 **Faça a alça prendendo com alfinetes** suas duas peças, lados direitos juntos. Costure apenas as bordas longas, deixando as bordas curtas sem costurar. Vire a alça para o lado direito (ver p. 226) e passe a ferro. Encontre o centro da alça e faça duas pregas pequenas na alça equidistante do centro. Prenda com alfinetes e costure envolvendo todas as camadas.

11 **Coloque as duas tiras laterais/inferiores** juntas, lados direitos juntos, encaixando entre elas as costas da bolsa. Os bolsos laterais devem estar de frente para o lado direito das costas da bolsa. Junte com alfinetes, deixando margem de costura de 1 cm acima da fenda.

12 **Costure as três camadas** a 1 cm da borda inferior das costas. Com a bolsa ainda sob o calcador, corte a um ângulo de 1 cm apenas nas alças laterais/inferiores. Não corte nas costas da bolsa. A linha de corte está marcada acima, em vermelho, como exemplo.

13 **Vire as faixas laterais/inferiores** no recorte para que suas bordas fiquem alinhadas com a borda inferior da bolsa, depois prenda com alfinetes, como acima. Passe a bolsa inteira pelo calcador, depois costure ao longo da borda inferior até o canto seguinte. Corte como no passo 12, vire as alças e costure-as ao longo da terceira lateral. Gire a bolsa e costure ao longo da terceira lateral.

14 **Com os lados direitos juntos, costure cada ponta da alça** e cada borda curta da tira lateral/inferior que foi pregada aos bolsos laterais no passo 6. Vire para baixo 1 cm das bordas curtas da outra tira lateral/inferior e passe a ferro. O acabamento delas será feito à mão no passo 17.

15 **Alfinete, depois costure junto** às bordas longas sem acabamento de ambas as tiras laterais/inferiores, com os lados avessos juntos.

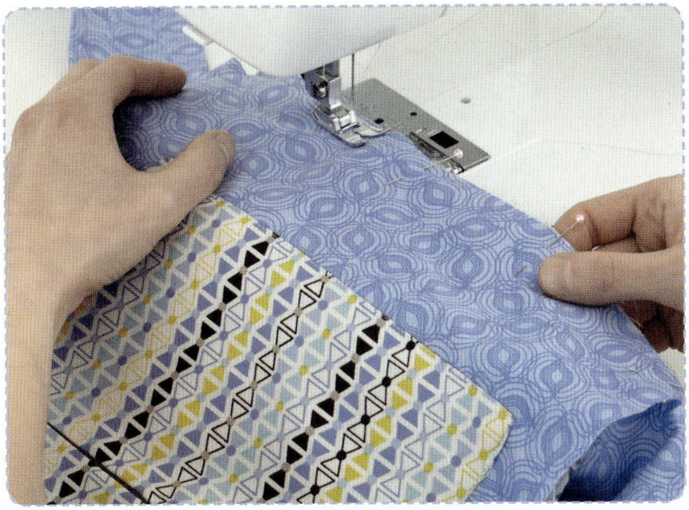

16 **Prenda com alfinetes** a frente da bolsa às bordas costuradas sem acabamento da tira lateral/inferior, com os lados direitos juntos. Costure, cortando e girando nos cantos como no passo 12. Ajuste as margens de costura para 5 mm e dê pontos zigue-zague para arrematar.

17 **Trabalhando na parte interna da bolsa**, costure à mão a borda virada para baixo, feita no passo 14, e a alça, para fechar a abertura. Vire a bolsa para o lado direito e passe a ferro.

DICA

Verifique se a alça não está torcida antes de prendê-la (passo 14).

Prato com pegadas do bebê

Não há nada mais gracioso que os pezinhos de um neném. Este projeto pode ser feito quando ele estiver com qualquer idade, mesmo ainda muito pequeno. A maneira mais fácil de obter a pegada é com o bebê deitado e o prato inclinado verticalmente, ou com outra pessoa segurando a criança.

MATERIAL ✿ argila leve, branca, que seca ao ar ✿ rolo de macarrão ✿ tigela de no mínimo 14 cm ✿ faca ✿ prato ou outra superfície firme e portátil ✿ canudo ✿ 70 cm-1 m de fita

1 **Retire a argila** da embalagem e coloque-a sobre a bancada de trabalho limpa e plana. Usando o rolo de macarrão, abra-a até atingir a espessura de cerca de 5 mm.

2 **Coloque delicadamente a tigela** sobre a argila e corte em volta com a faca para fazer um círculo perfeito. Remova o excesso e retire a tigela. Coloque o círculo de argila sobre um prato ou outra superfície firme e portátil.

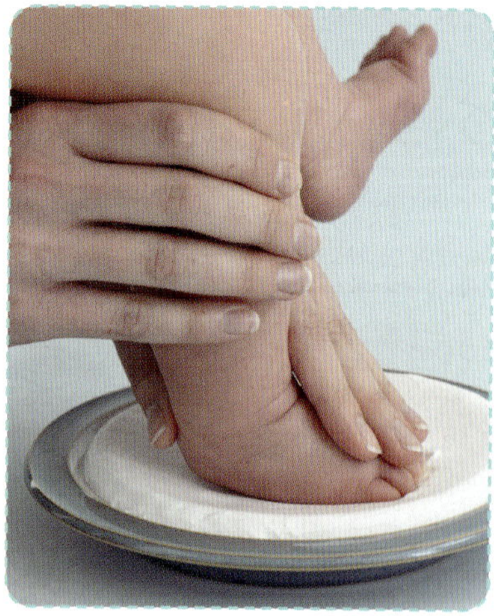

3 **Pressione delicadamente** os pés do bebê na argila, um de cada vez. Dê especial atenção à impressão dos dedões e verifique se as pegadas estão uniformes e alinhadas. Se elas não ficarem nítidas, repasse o rolo na argila e comece de novo.

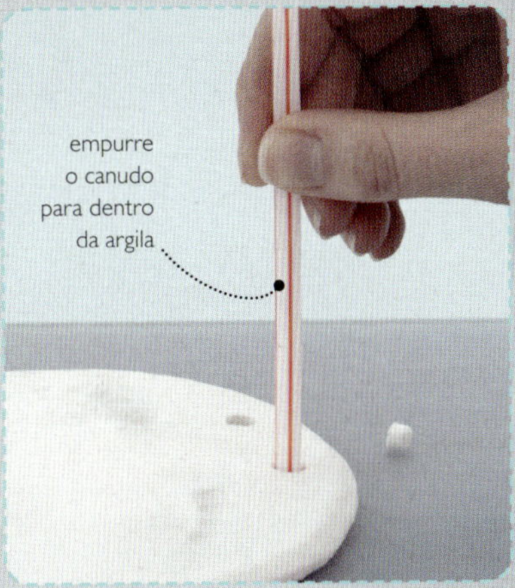

4 **Depois de obter** pegadas nítidas, coloque a argila de volta na superfície de trabalho limpa e plana. Faça dois furos no topo do prato com um canudo. Verifique se os furos estão alinhados e centralizados. Deixe a argila secar.

5 **Quando a argila estiver seca**, corte um pedaço de fita, passe-a pelos furos para fazer uma volta e termine com o laço. O prato está pronto para ser pendurado na parede.

Cartões de presente

Um cartão de presente feito à mão é uma pequena obra de arte, para guardar como lembrança por anos. Escolha papéis para scrapbook em padrões e cores adequados às suas criações. Use os moldes fornecidos ou crie seus próprios desenhos utilizando a mesma técnica.

MATERIAL ✿ envelope de papelaria da cor e do tamanho desejados ✿ cartolina colorida grossa ✿ estilete ou tesoura ✿ régua ✿ base de corte (opcional) ✿ diversos papéis para scrapbook ✿ cola em bastão ✿ lápis ✿ papel vegetal

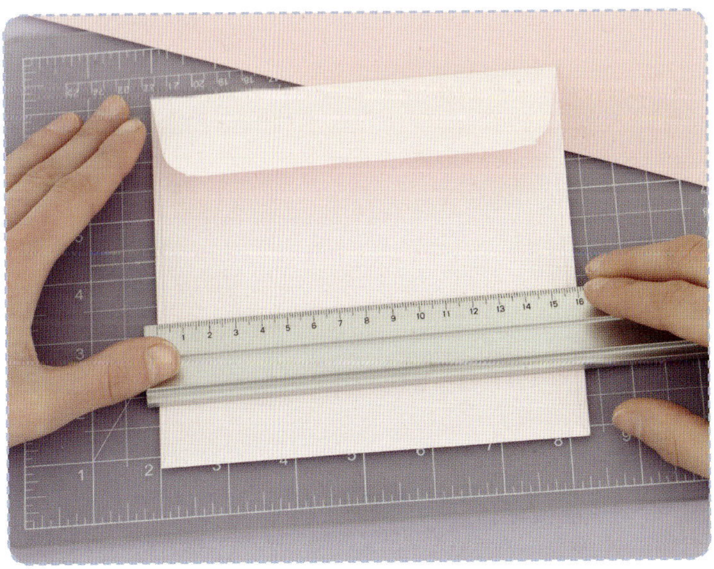

1 **Meça o envelope comprado**, depois corte a cartolina de modo que o cartão acabado caiba dentro do envelope. Para isso, quando o cartão estiver dobrado, ele deve ser cerca de 5 mm menor que o envelope, tanto na altura quanto na largura.

2 **Use a régua e o lado sem corte** do estilete ou a lâmina da tesoura para marcar suavemente a cartolina ao longo da linha da dobra. Tenha cuidado para não cortar a cartolina. Dobre a cartolina ao longo da linha marcada.

3 **Meça a frente da cartolina**, depois corte um pedaço de papel para scrapbook 1,5 cm menor que a cartolina dobrada em todos os lados. Isso servirá de margem em toda a volta do papel quando estiver na posição.

4 **Usando cola de bastão,** cole o pedaço de papel para scrapbook na frente da cartolina dobrada. Confira se o papel está centralizado e enquadrado com as bordas da cartolina.

5 **Usando lápis**, faça o traçado do molde de sua preferência da p. 242 no papel vegetal. Vire o papel vegetal do outro lado e contorne com lápis as linhas traçadas.

6 **Vire o papel vegetal novamente** para que a imagem fique na posição certa e coloque o papel vegetal sobre o papel para scrapbook. Contorne a lápis de novo as linhas traçadas, para transferir a imagem ao papel. Use papéis para scrapbook diferentes para cada parte do desenho.

7 **Depois de transferir** as diferentes partes do desenho ao papel para scrapbook, recorte as formas com estilete ou tesoura.

8 **Antes de colar as partes do desenho**, coloque-as sobre o papel estampado para conferir o seu posicionamento.

9 **Quando a posição** estiver de seu agrado, use cola em bastão para colar as partes principais do desenho.

10 **Termine colando os detalhes menores** e deixe o cartão secar.

Presente em forma de cupcake

Esse conjunto de peças em forma de bolinhos é um presente lindo e fácil de fazer para dar a mamães de recém-nascidos. As instruções são para quatro cupcakes, mas a quantidade pode ser adaptada, se quiser fazer mais.

MATERIAL ✿ 4 bodies de cores variadas com tamanho de 0-3 meses ✿ 1 par de luvas ✿ 1 par de meias ✿ 1 caixa de bolo de cerca de 16 cm x 16 cm (opcional) ✿ tesoura para artesanato (opcional) ✿ papel liso ou estampado ou 4 fôrmas grandes de papel para cupcake ✿ 2 m de fita ✿ fita transparente ✿ tesoura

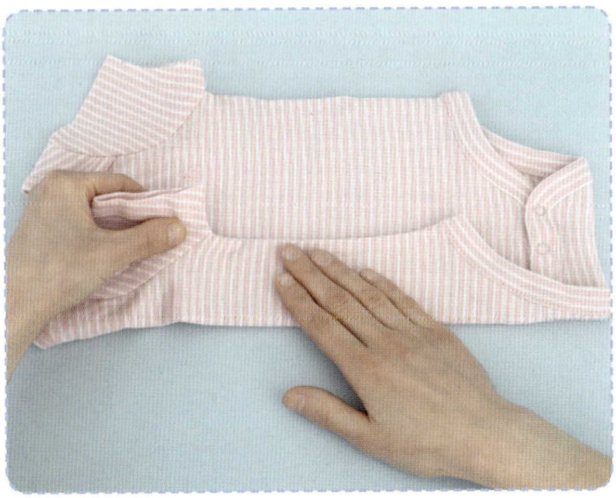

1 **Coloque um body de bebê** virado para cima em uma superfície plana. Dobre a manga e cerca de um terço do body em direção ao meio.

2 **Dobre a outra manga** e a lateral em direção ao meio, na mesma proporção.

DICA *Escolha cores para as peças de roupa que lembrem sabores de coberturas.*

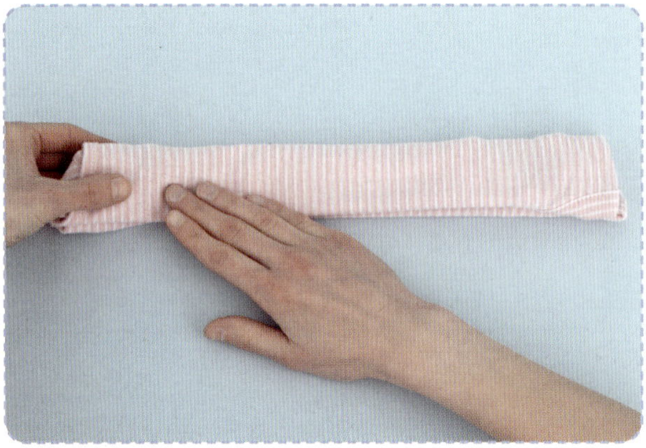

3 **Agora dobre o body ao meio**. Ele deve ficar como uma faixa de cerca de 5 cm de largura.

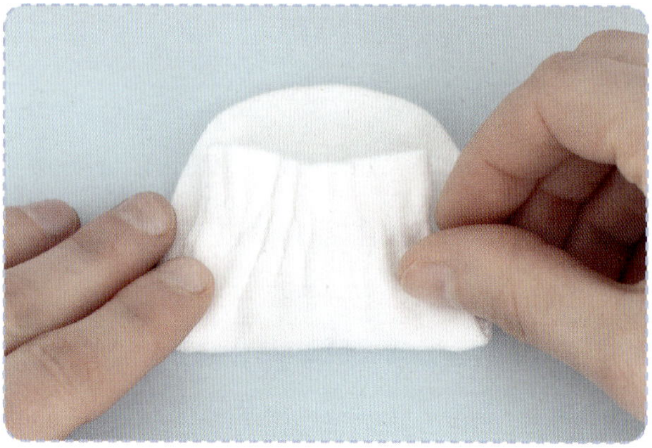

4 **Dobre as luvas ou meias** de modo que a borda superior fique cerca de três quartos mais elevada que a peça dobrada.

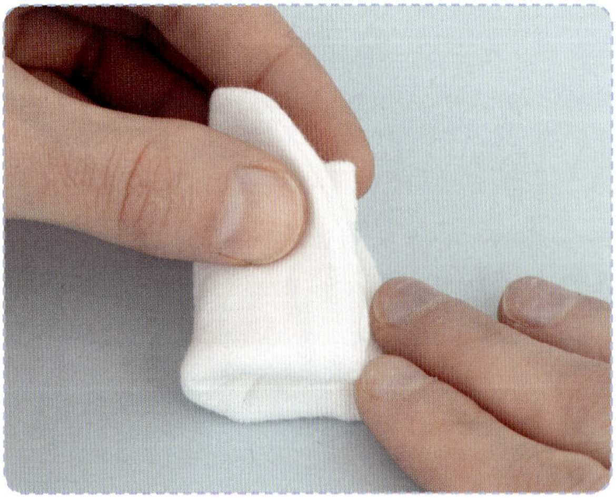

5 **Dobre as luvas ou meias** ao meio e segure na posição, para que as dobras não se desfaçam.

6 **Coloque as luvas ou meias dobradas** em uma das pontas do body dobrado em faixa, com o topo sobressaindo um pouco. Vá enrolando o body em volta das luvas ou meias, para criar a forma de cupcake.

7 **Segurando tudo com firmeza**, passe um pedaço de fita em volta do cupcake e prenda-o com fita transparente para manter as peças juntas. Repita os passos 1-7 para fazer mais três cupcakes.

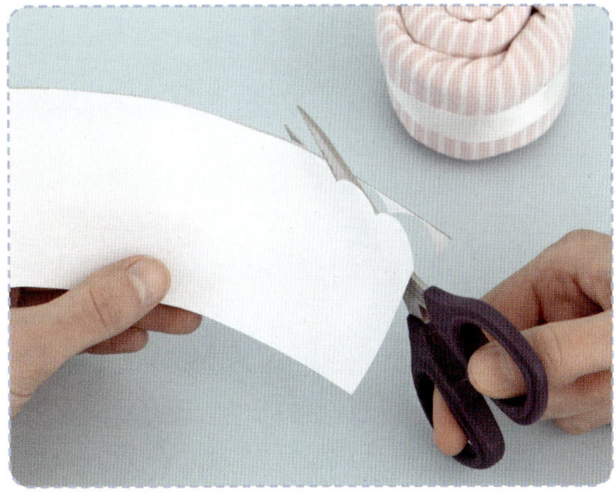

8 **Faça o traçado do molde da fôrma de cupcake** da p. 236 em papel liso ou estampado e corte quatro moldes. Use tesoura normal ou de artesanato para criar a borda especial no lado curvo de cada pedaço de papel. Ou compre fôrmas de papel grandes de cupcake.

9 **Enrole a fôrma de papel** em volta do cupcake e prenda com fita transparente.

10 **Distribua os cupcakes na caixa de bolo** ou coloque-os em um prato decorativo para bolo. Amarre a fita em volta da caixa para fechá-la e presenteie a mamãe do bebê.

Silhueta de um ano

Para obter um perfil nítido do bebê, ele já deve ser capaz de manter a cabeça erguida. Essa silhueta pode ser uma lembrança do primeiro ano de vida. Dá até para iniciar uma tradição de aniversário e fazer uma nova silhueta a cada ano, para acompanhar o desenvolvimento da criança.

MATERIAL ✿ estilete ✿ régua ✿ base de corte ✿ papel estampado, grande o suficiente para preencher a moldura ✿ foto do perfil do bebê, ampliada no tamanho de sua preferência ✿ papel vegetal ✿ lápis ✿ tesoura ✿ papel liso coordenado ✿ fita-crepe ✿ cola em bastão ou com borrifador ✿ moldura de 15 cm x 15 cm, ou do tamanho de sua preferência

1 **Usando base de corte, régua e estilete**, corte o papel estampado para caber na moldura.

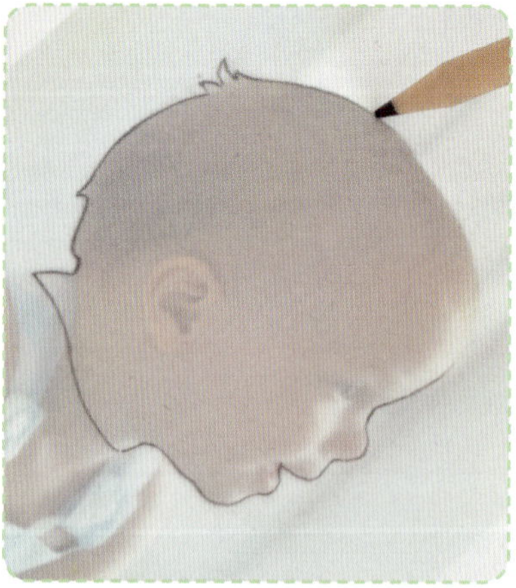

2 **Transfira o contorno do perfil do bebê** da foto para o papel vegetal, depois recorte-o com a tesoura. Ele será o seu molde.

3 **Prenda levemente o molde** ao papel liso com fita-crepe. Faça o traçado do contorno a lápis, depois corte a silhueta com cuidado, usando estilete.

4 **Aplique cola em bastão ou com borrifador** na parte de trás da silhueta, centralize-a sobre o papel estampado e alise-a para assentá-la. Quando o adesivo estiver seco, coloque a silhueta pronta na moldura.

Bodies com temas marítimos

pp. 174-7

Como costurar à mão e bordar

Use estes pontos comuns de bordado e costura à mão para decorar seus projetos. Um pequeno tema bordado em brinquedos, mantas ou peças de roupa pode diferenciá-los como algo artesanal para ser apreciado por anos. Arremate e prenda a linha pelo avesso ou deixe as pontas de linha ocultas embaixo do ponto cheio.

Ponto corrido

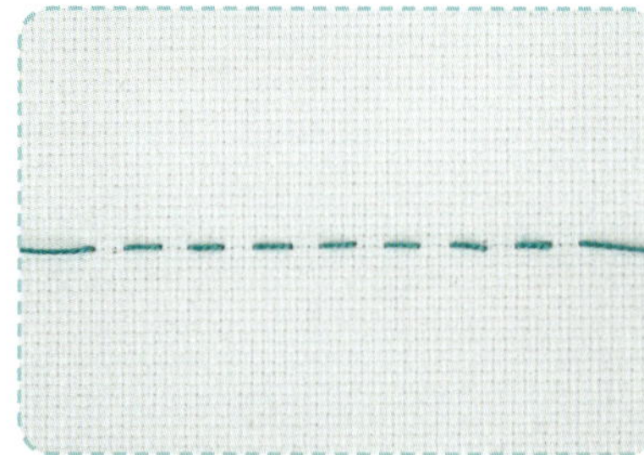

Trabalhe com a linha e a agulha para dentro e para fora do tecido, criando pontos de mesmo comprimento e espaçamento.

Ponto caseado

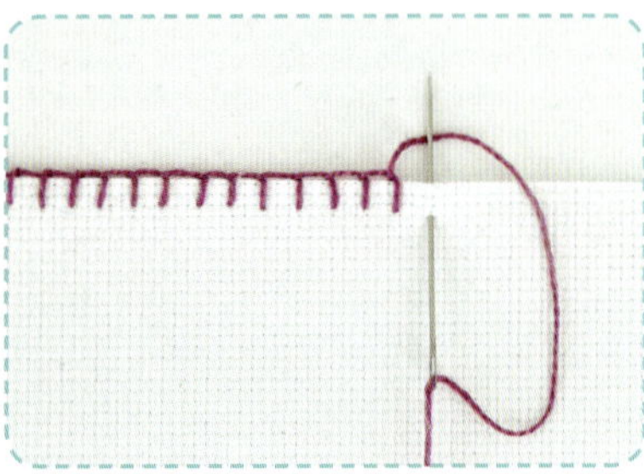

Trabalhando da esquerda para a direita, insira a agulha pelo lado direito do tecido. Conforme a agulha aparece na borda, deixe a linha sob a agulha e passe a agulha por dentro.

Ponto cheio

Traga a agulha para a frente de um lado da peça a ser trabalhada. Traga-a para cima da peça e para trás, no lado oposto. Continue dando pontos longos e lisos sem puxar, para não franzir o tecido.

Nó francês

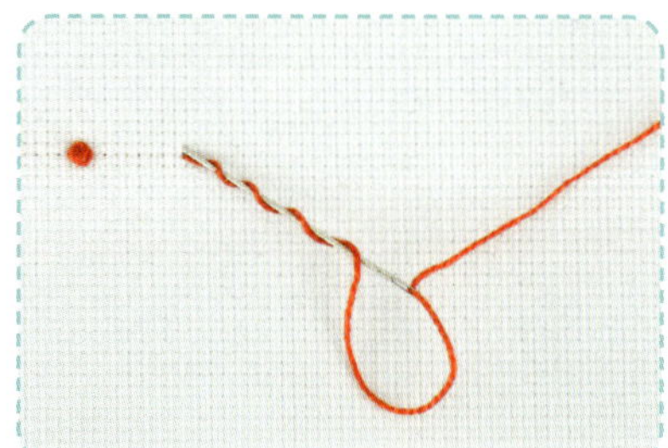

Traga a agulha para a frente do tecido. Enrole a linha em volta da agulha, depois empurre a agulha para trás, logo ao lado do furo pelo qual ela saiu quando veio de trás.

Ponto batido

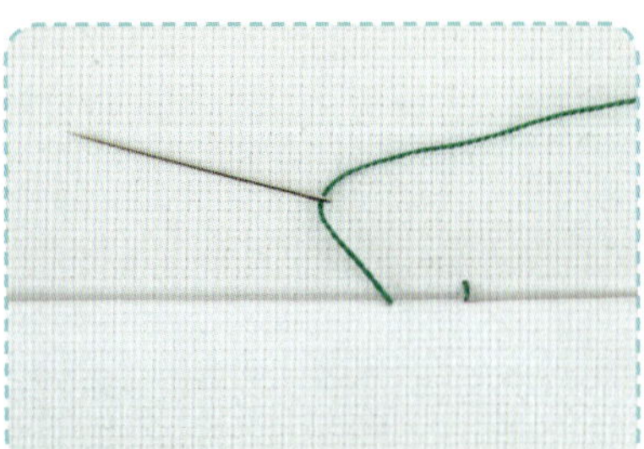

1 **Este ponto é ótimo para costurar** camadas sobrepostas, especialmente a borda sem acabamento de tecidos que não desfiam. Da direita para a esquerda, leve a agulha para a frente através das duas camadas do tecido.

2 **Reinsira a agulha** penetrando só a primeira camada de tecido, logo acima de onde a linha saiu; em seguida, traga-a para a frente, um ponto adiante, penetrando as duas camadas de tecido.

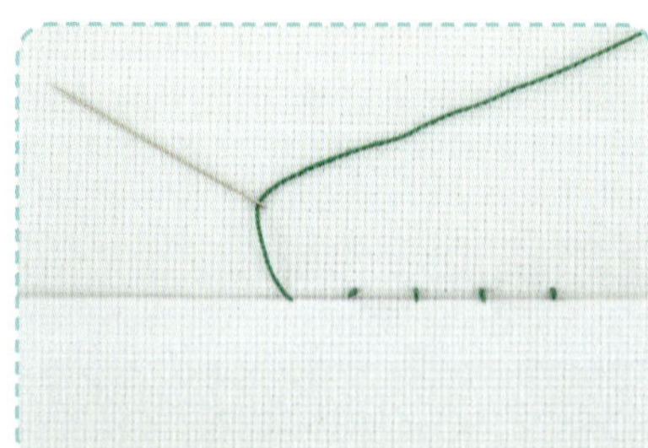

3 **Continue trabalhando**, com cuidado para não puxar demais a linha. Serão formados pontos bem pequenos no lado direito e pontos mais longos no avesso.

Ponto-atrás

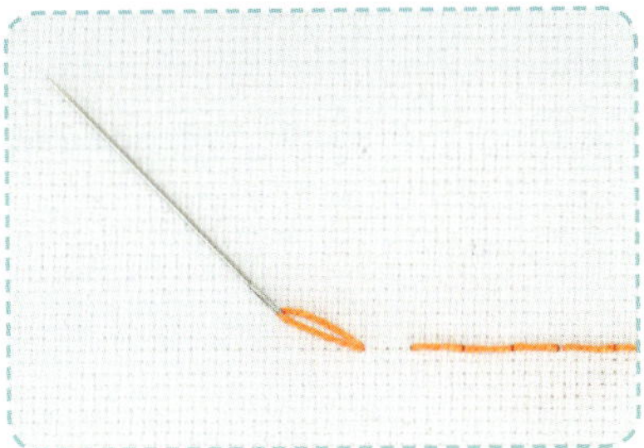

1 **Leve a agulha** para a parte de trás do tecido, dê um ponto para a frente e saia com a agulha na parte de trás.

2 **Dê um ponto para trás**, inserindo a agulha na ponta do último ponto.

3 **Continue dando pontos** para a frente sob o tecido e para trás, em cima do tecido.

Ponto corrente

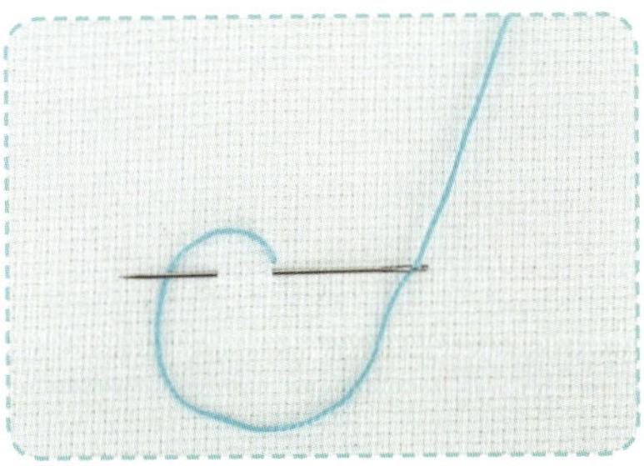

1 **Leve a agulha para trás** do tecido, dê um ponto para a frente e saia com a agulha na parte de trás, fazendo um laço com a linha sobre o ponto da agulha, à medida que ela sai.

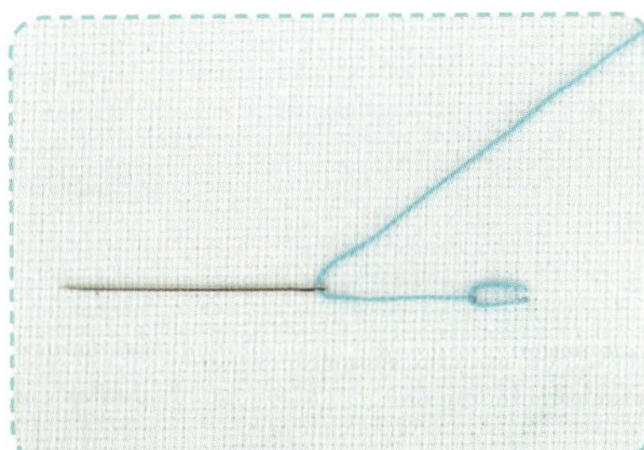

2 **Puxe a agulha pelo laço** e leve-a para a parte de trás do tecido novamente, inserindo-a onde ela saiu no passo 1.

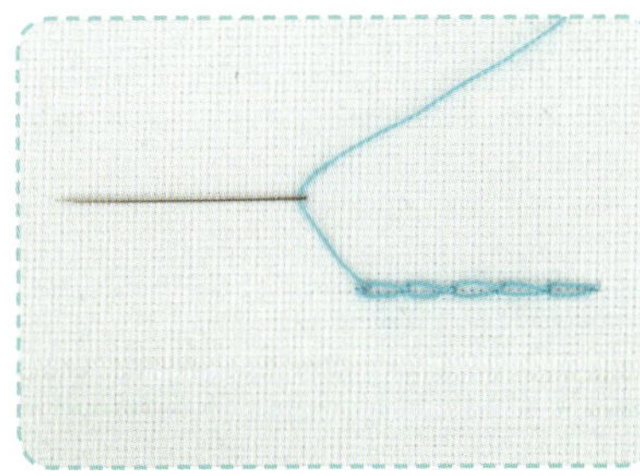

3 **Repita os passos** 1 e 2 para formar os elos da corrente. Tente manter os elos do mesmo tamanho, para que a corrente fique uniforme e alinhada.

Ponto margarida

1 **Para fazer a primeira pétala**, leve a agulha para trás do tecido, dê um ponto e saia com a agulha na parte de trás, fazendo laços com a linha sobre o ponto da agulha à medida que ela sai.

2 **Puxe a agulha pelo laço**, depois dê um ponto curto na parte de trás do tecido, para prender a pétala no lugar.

3 **Faça a próxima pétala** e as seguintes da mesma forma, começando no centro da margarida e trabalhando em volta dela.

Como fazer um tubo de tecido

1 **Depois de costurar unindo as duas** bordas longas do tecido, com os lados direitos juntos, coloque o alfinete de segurança em uma das pontas curtas.

2 **Empurre o alfinete de segurança** para dentro da abertura na ponta. A ponta do tubo será puxada junto com o alfinete.

3 **Usando as duas mãos**, conduza o alfinete de segurança pelo tubo. O tecido vai amontoar durante o processo, mas continue conduzindo e empurrando o alfinete.

4 **O alfinete deve percorrer** o tubo inteiro até sair na outra ponta.

5 **Puxe o alfinete de segurança** e o resto do tubo virá junto. O tubo de tecido estará agora na posição correta, virado para fora.

6 **Passe o tubo a ferro para alisá-lo**, posicionando a costura em um dos lados ou no meio, dependendo do projeto.

Como fazer pregas

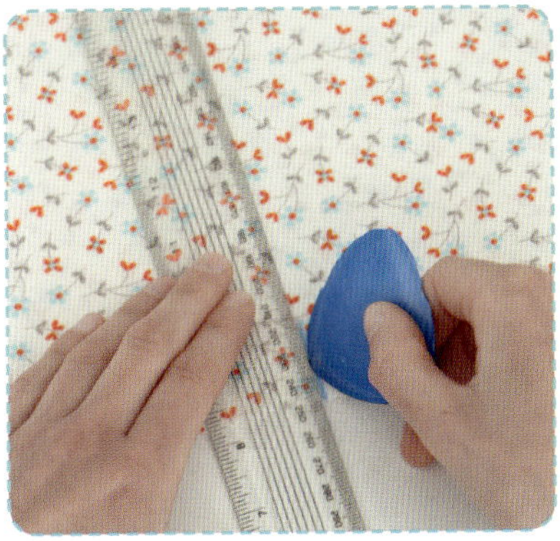

1 **Consultando o molde** de seu projeto, dobre e costure o bolso como recomendado. Trabalhando ao longo da borda inferior da faixa do bolso, pegue uma cor de giz de alfaiate, meça e marque suavemente as linhas da dobra ao longo dessa borda.

2 **Usando outra cor de giz de alfaiate**, meça e marque suavemente as linhas da costura de acordo com o molde ou as instruções.

3 **Dobre o tecido** para cima, sobre uma linha da dobra, para encontrar a linha da costura central, criando uma prega. Prenda a prega com alfinetes.

4 **Dobre a próxima linha da dobra para cima** e para trás, para encontrar a mesma linha da costura, criando uma segunda prega.

5 **Prenda a segunda prega com alfinetes**, criando uma prega completa. Não sobreponha as duas bordas dobradas, mas verifique se elas estão uma diante da outra. Repita os passos 1-5 se houver outras pregas na faixa do bolso.

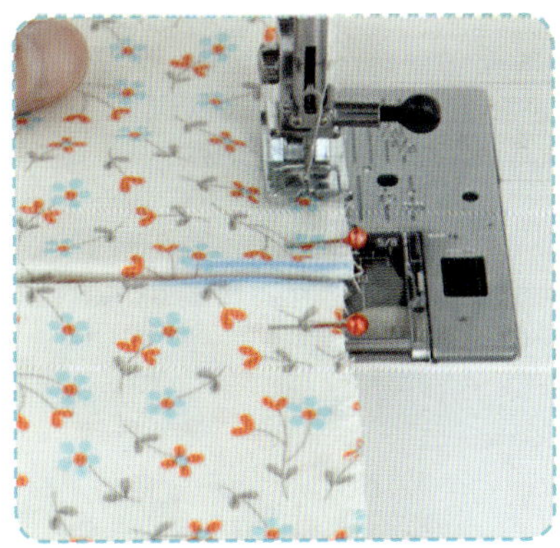

6 **Usando ponto reto**, dê pontos ao longo da parte inferior, costurando as pregas no lugar. Remova os alfinetes conforme a costura avança. Passe a faixa do bolso a ferro.

Almofada fofinha (pp. 10-5)

Amplie para 190% em fotocopiadora

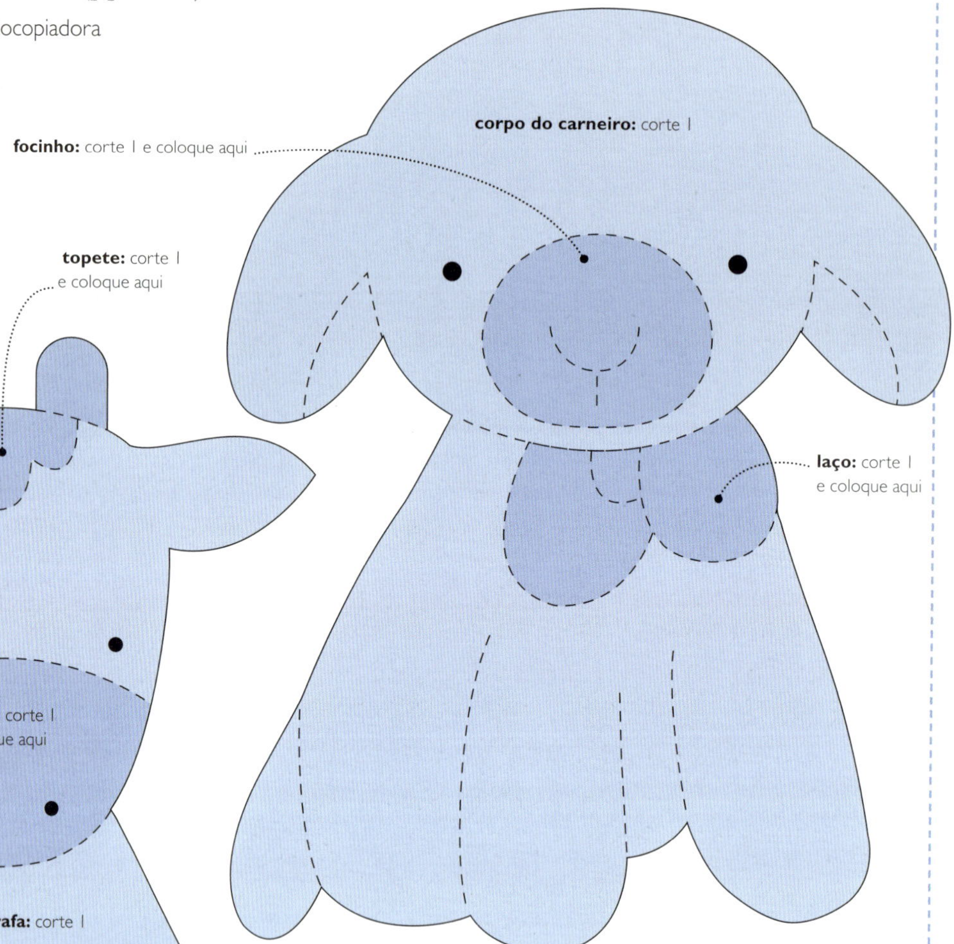

Carneiro

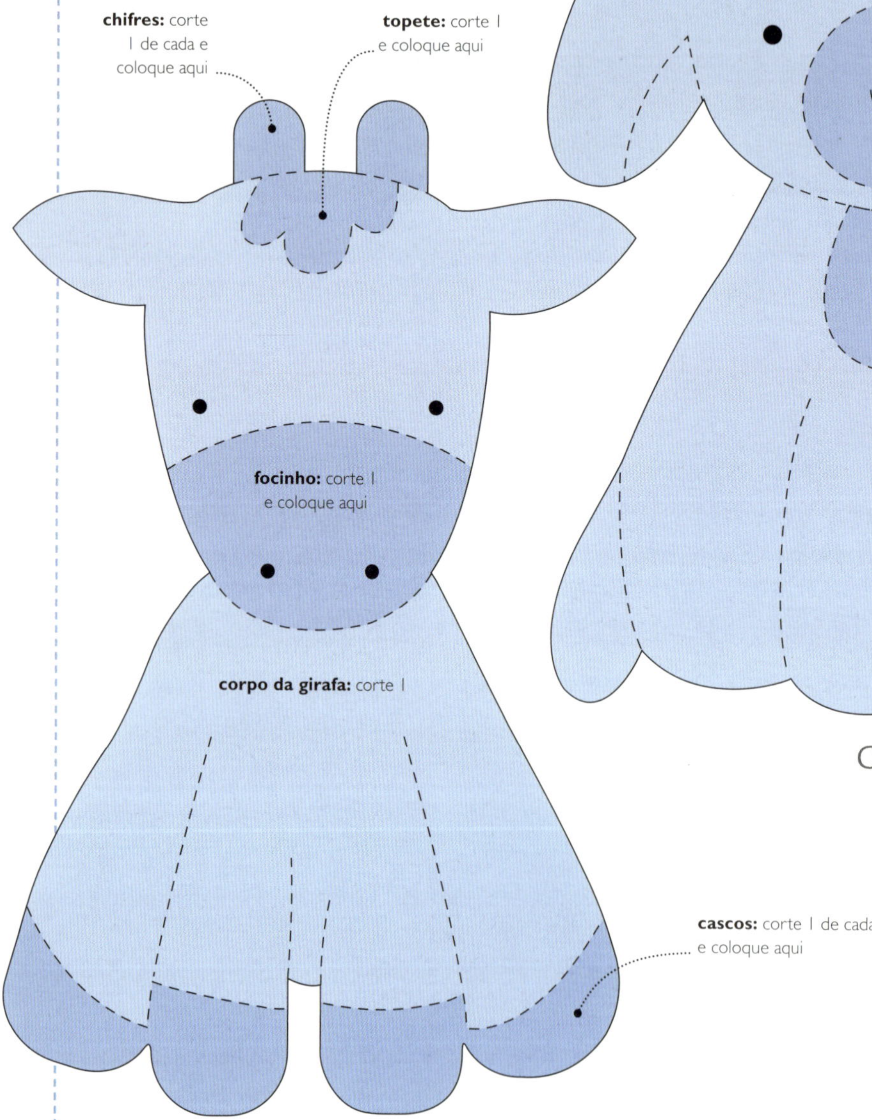

Girafa

as linhas pontilhadas são as linhas da costura

Cobertor com ovelhas (pp. 36-9)

Amplie para 190% em fotocopiadora

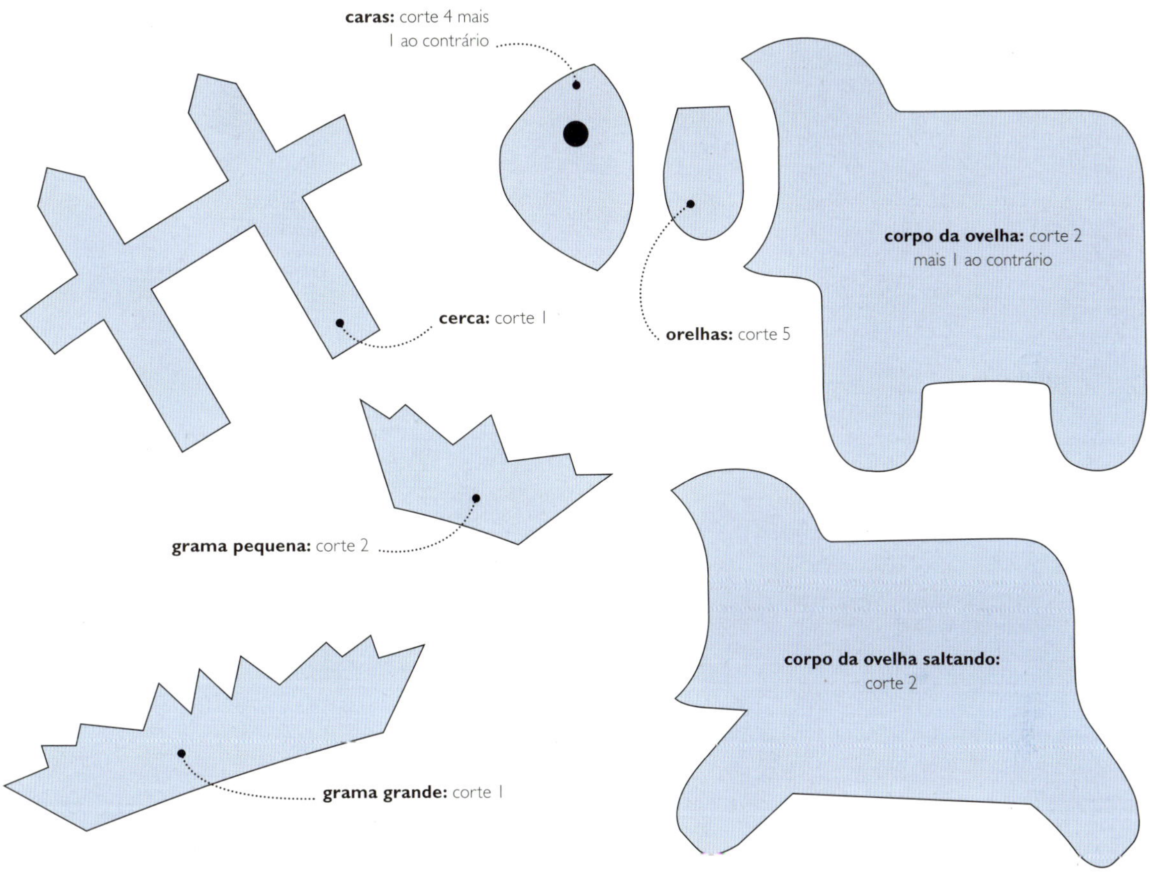

Use este guia de posições para distribuir as peças sobre o cobertor.

Móbile com bichinhos (pp. 56-9)

Amplie para 180% em fotocopiadora

Burro

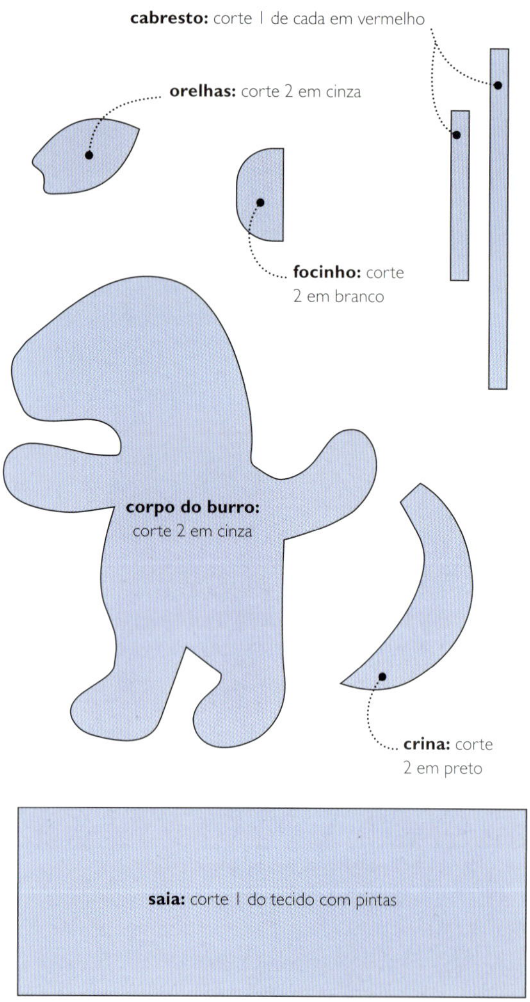

Esquilo

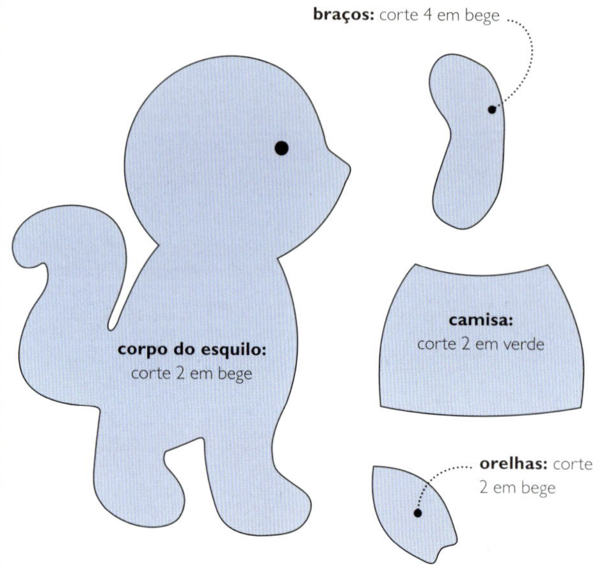

Gato

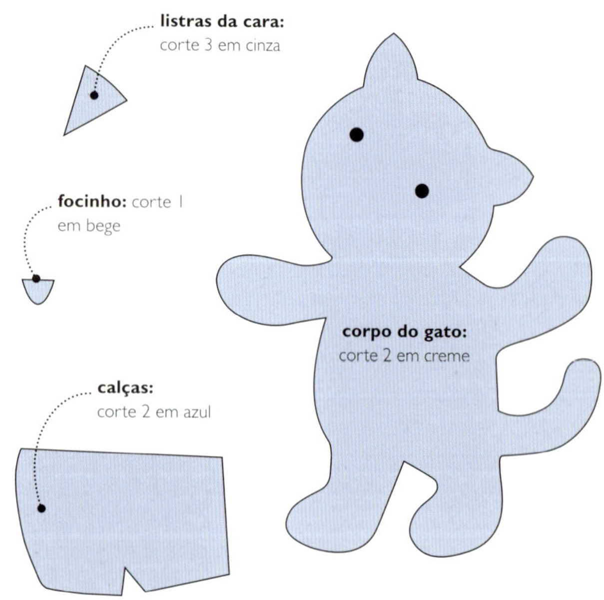

Girafa

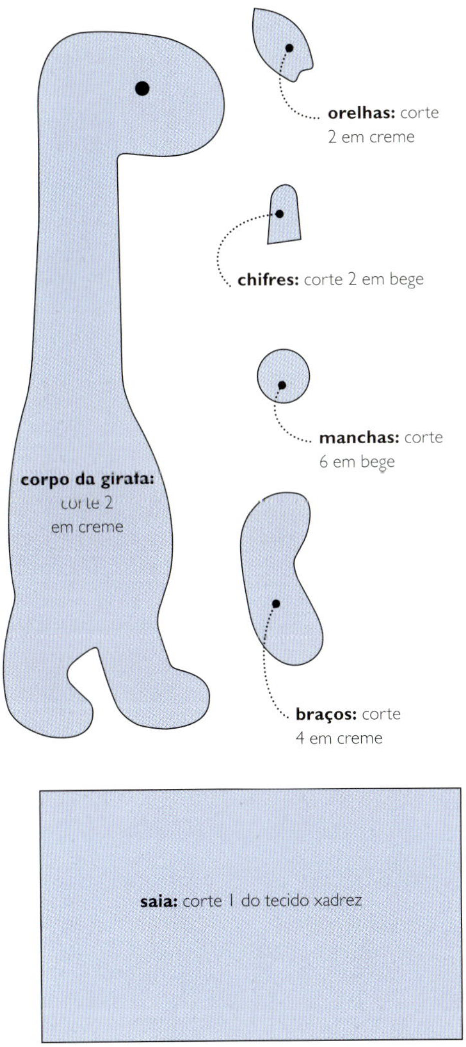

Elefante

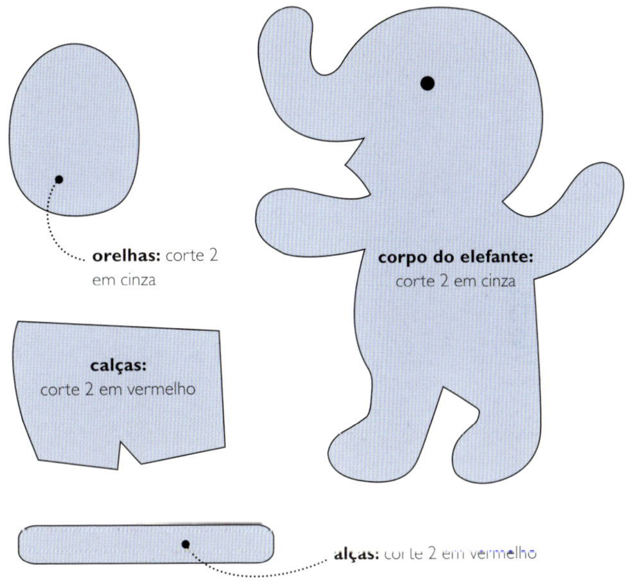

Raposa

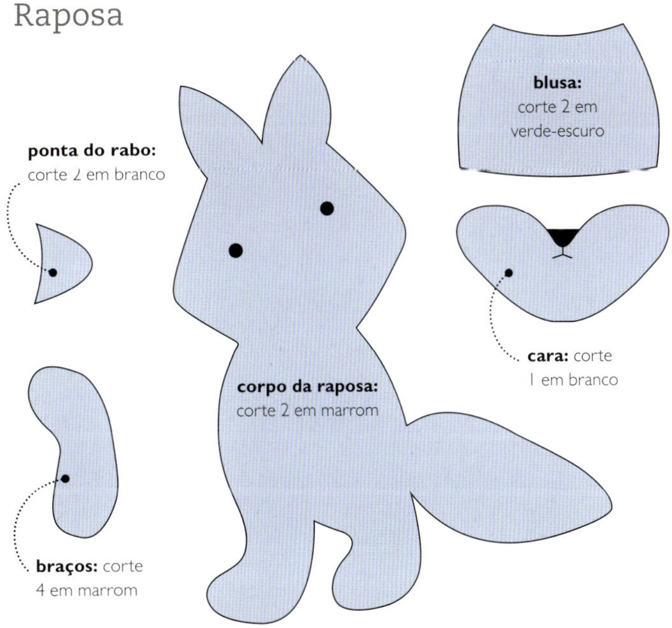

Pinguins para o banho (pp. 44-9)

Amplie para 200% em fotocopiadora

Toalha de pinguim

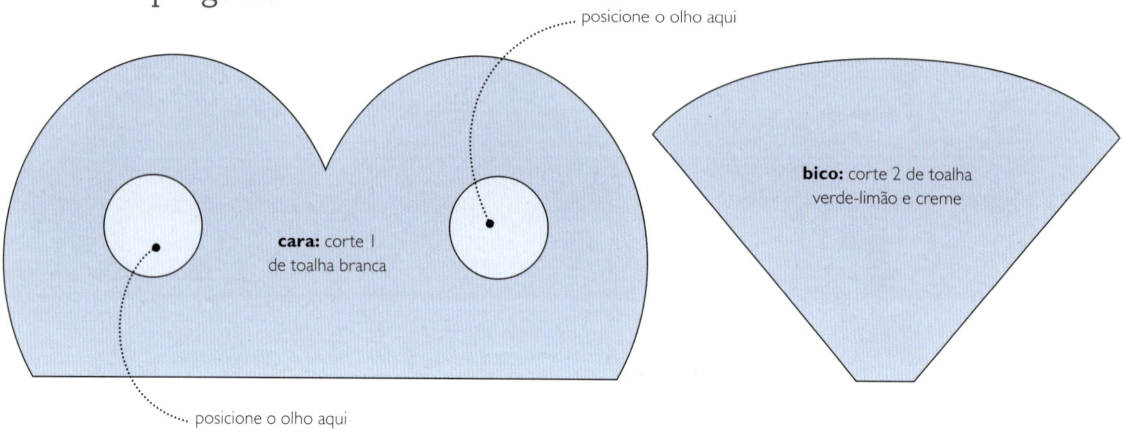

Pinguim atoalhado

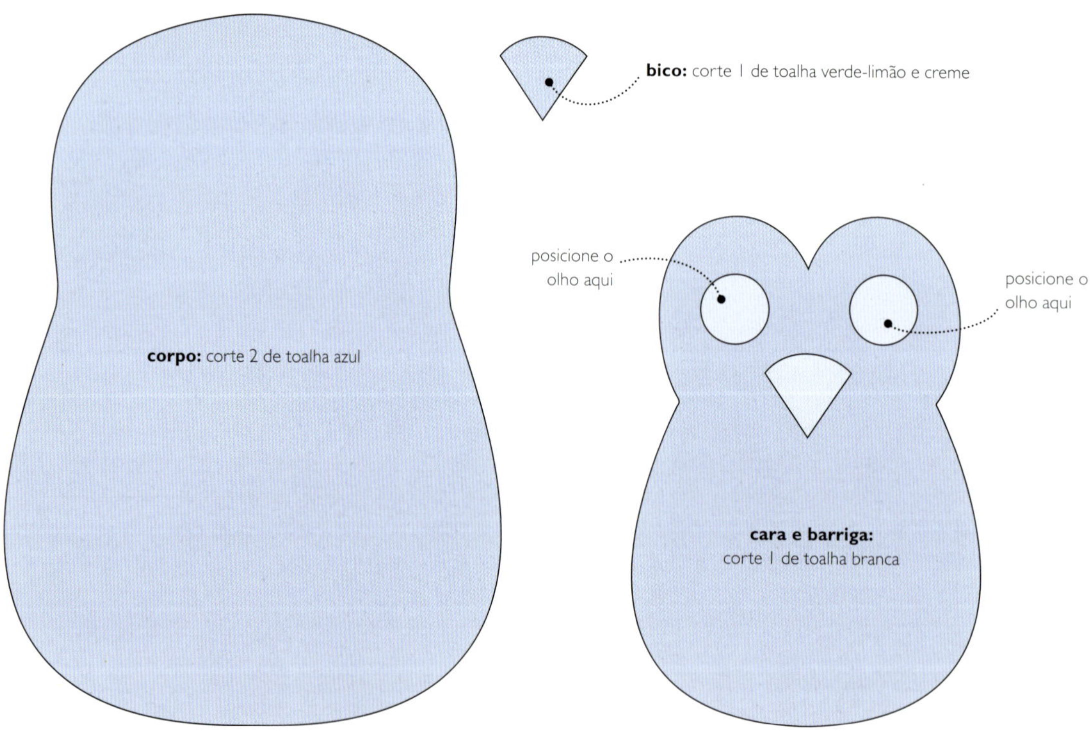

Tapete recreativo de flor (pp. 52-5)

Amplie para 200% em fotocopiadora

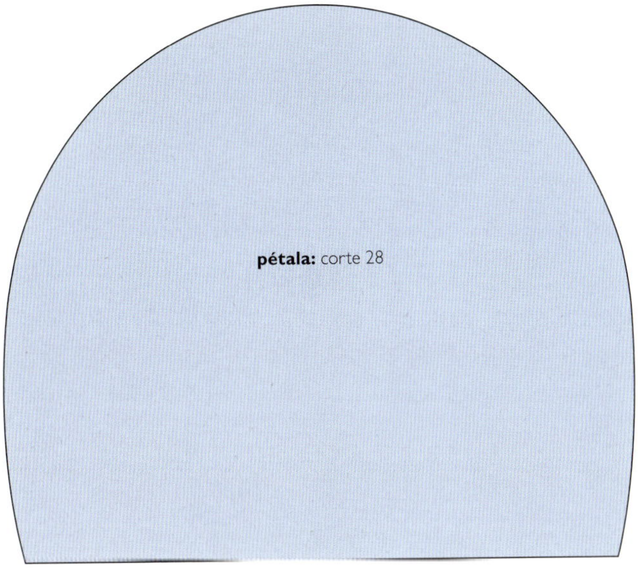

Luvas para recém-nascido (pp. 186-9)

Amplie para 200% em fotocopiadora

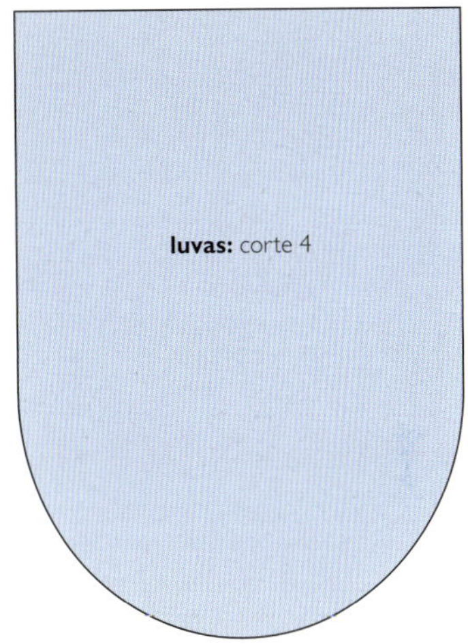

Coelhinho de botões (pp. 28-9)

Amplie para 200% em fotocopiadora

Bodies com fuxicos (pp. 160-5)
Faixa de cabelo com fuxico (pp. 178-81)

Amplie para 200% em fotocopiadora

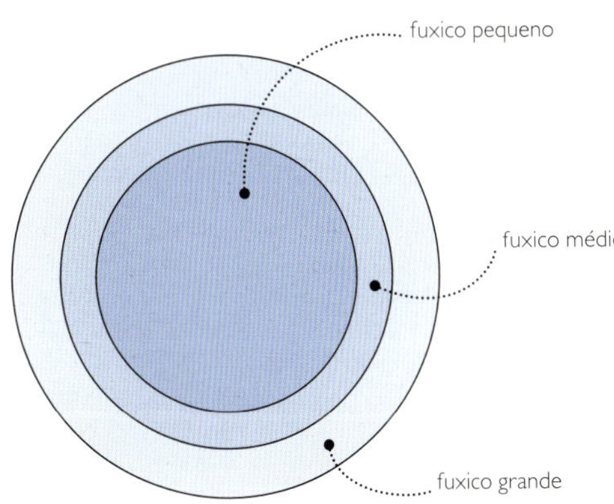

Móbile celeste (pp. 18-21)

Amplie para 170% em fotocopiadora

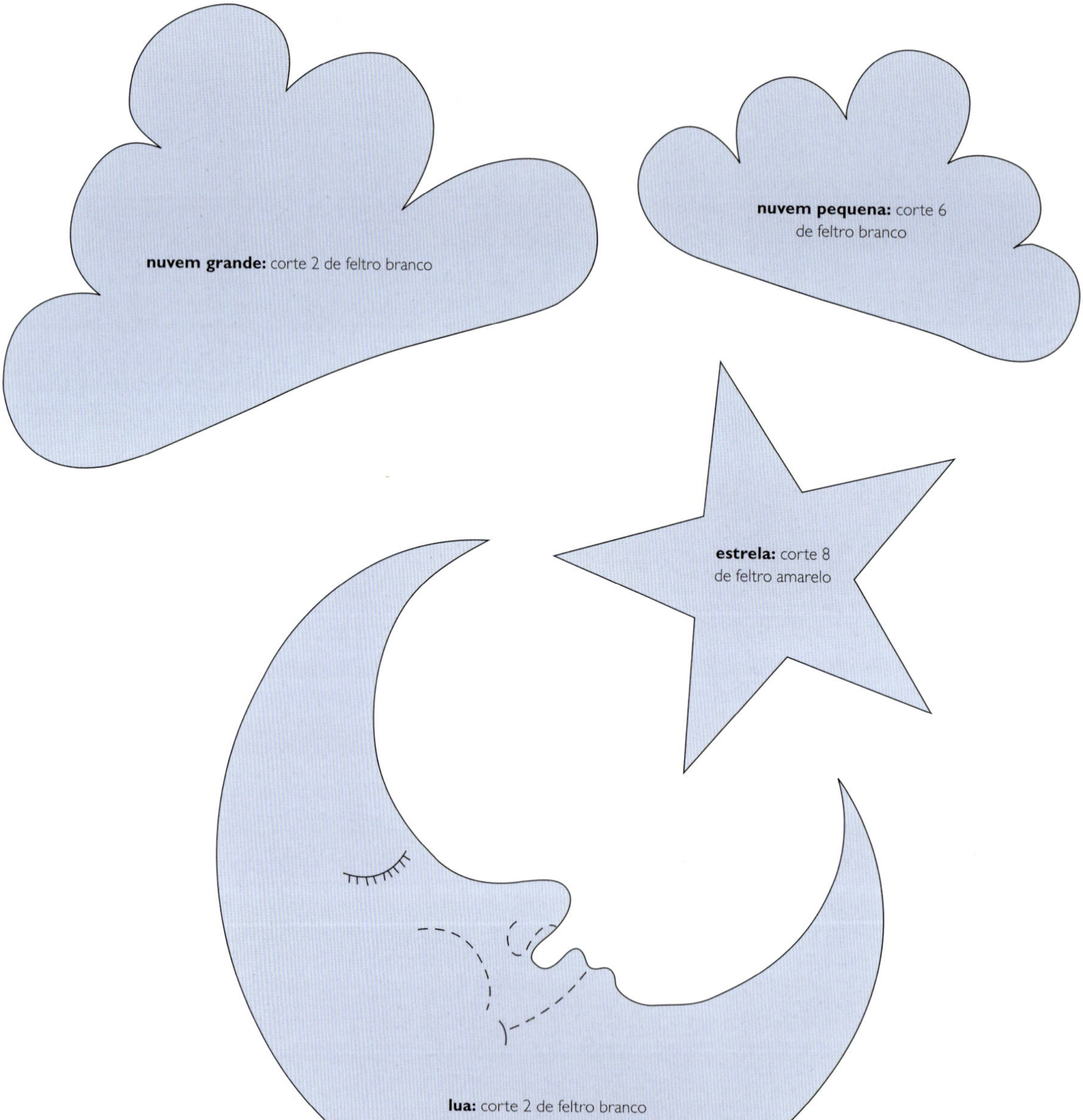

as linhas pontilhadas são as linhas do bordado

Botinha de verão (pp. 154-9)

Amplie para 140% em fotocopiadora

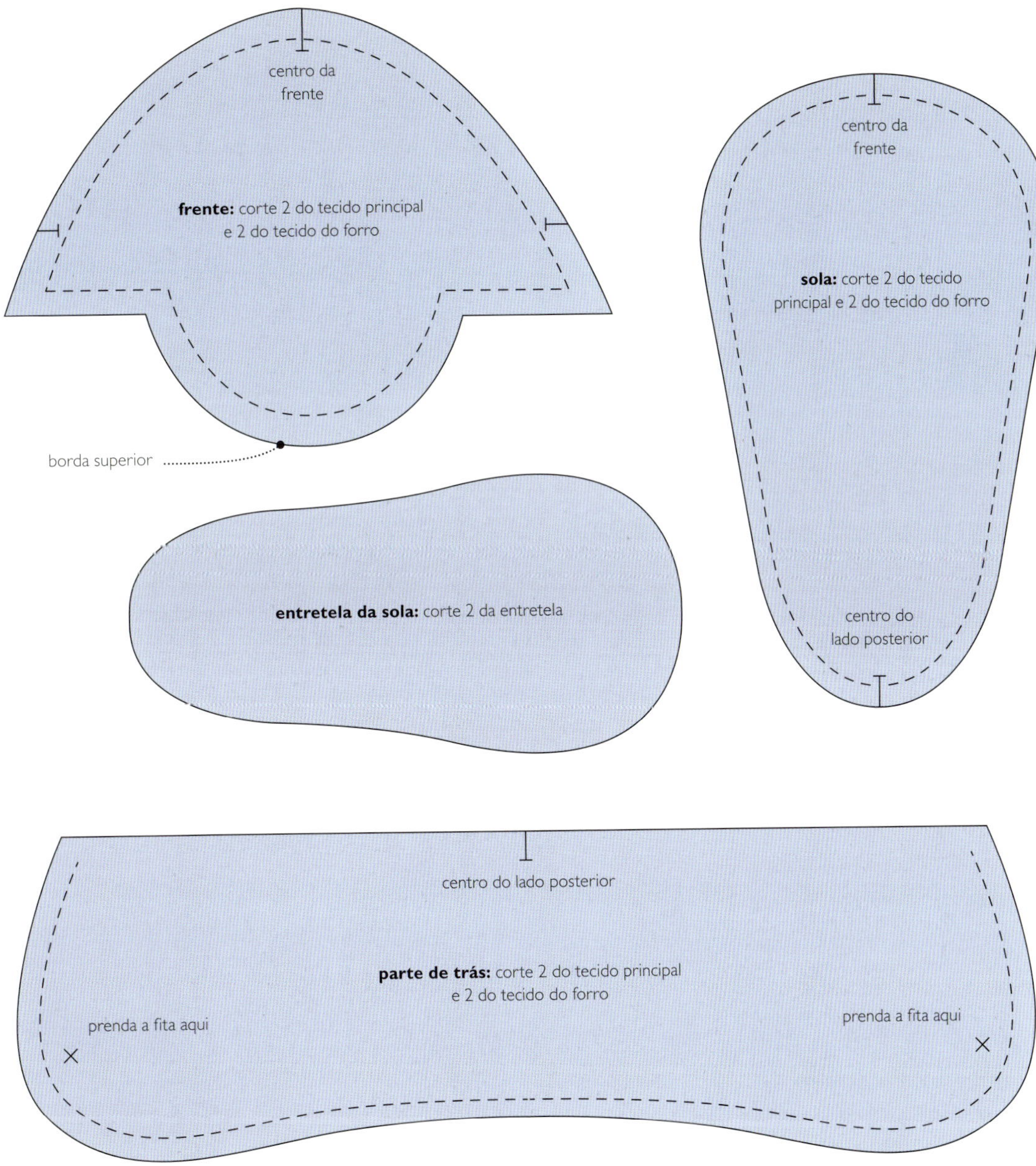

as linhas pontilhadas são as linhas da costura

Chocalho de cachorrinho (pp. 104-7)

Amplie para 200% em fotocopiadora

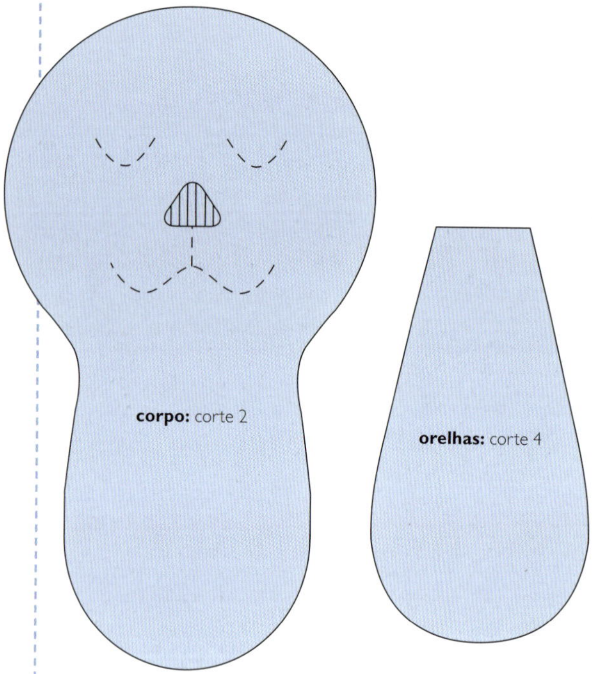

as linhas pontilhadas são as linhas do bordado

Borboleta de tecido (pp. 130-5)

Amplie para 200% em fotocopiadora

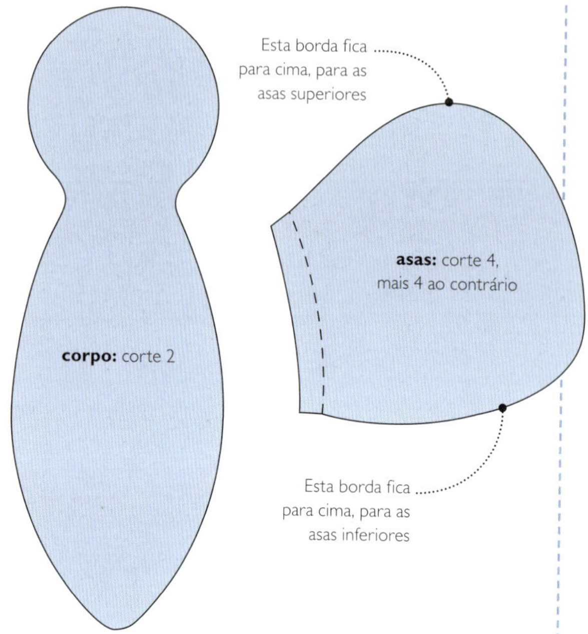

alinhe o pontilhado com a borda do corpo

Presente em forma de cupcake (pp. 216-9)

Amplie para 200% em fotocopiadora

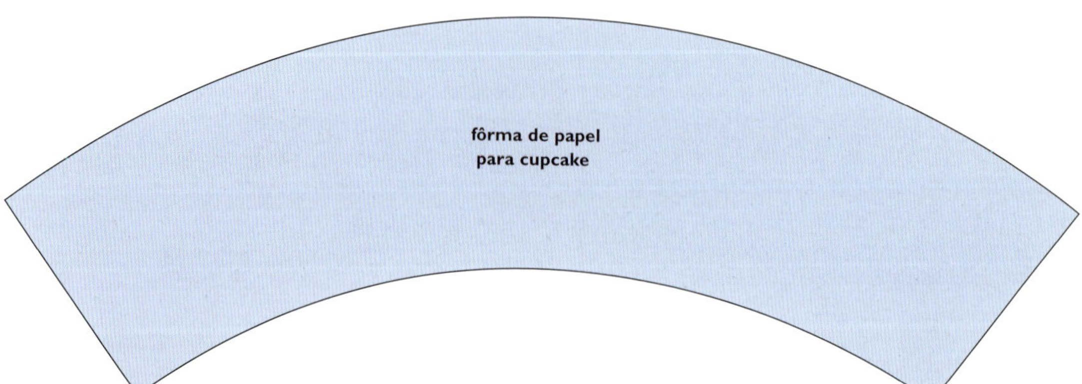

Bandeirinhas coloridas (pp. 40-3)

Amplie para 330% em fotocopiadora

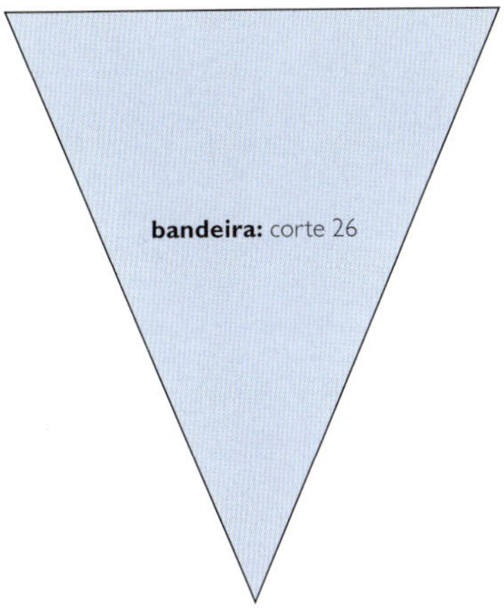

Baleia simpática (pp. 96-9)

Amplie para 330% em fotocopiadora

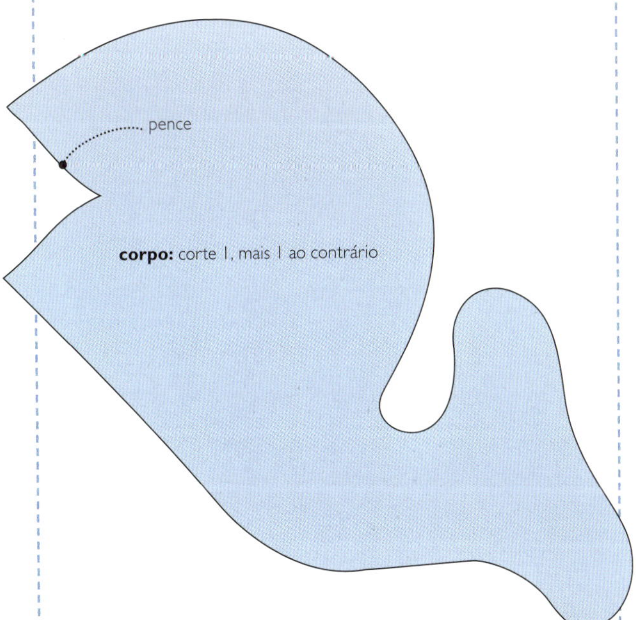

Polvo macio (pp. 124-9)

Amplie para 330% em fotocopiadora

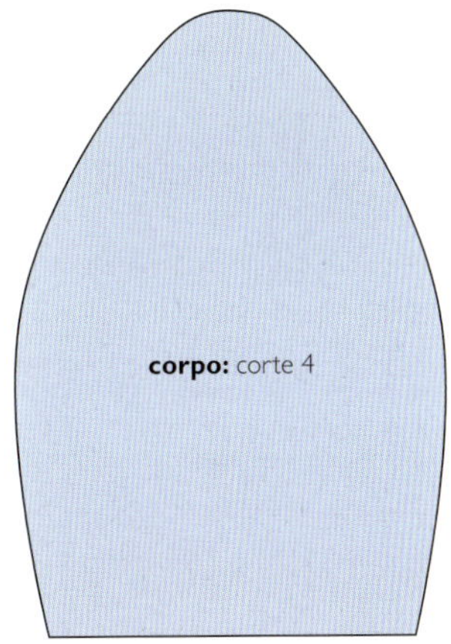

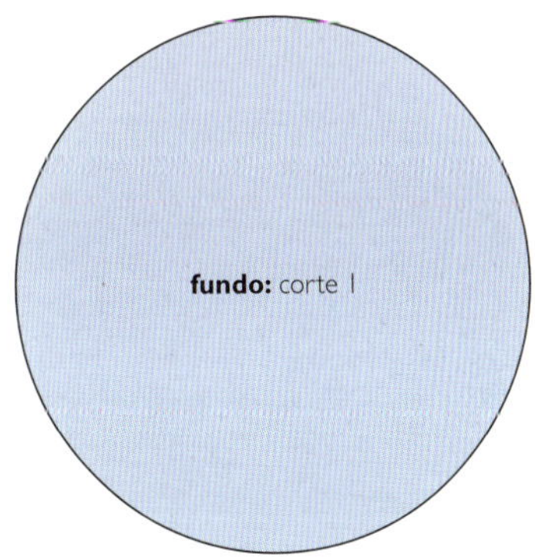

Gorro para dias ensolarados (pp. 166-71)

Amplie para 225% em fotocopiadora

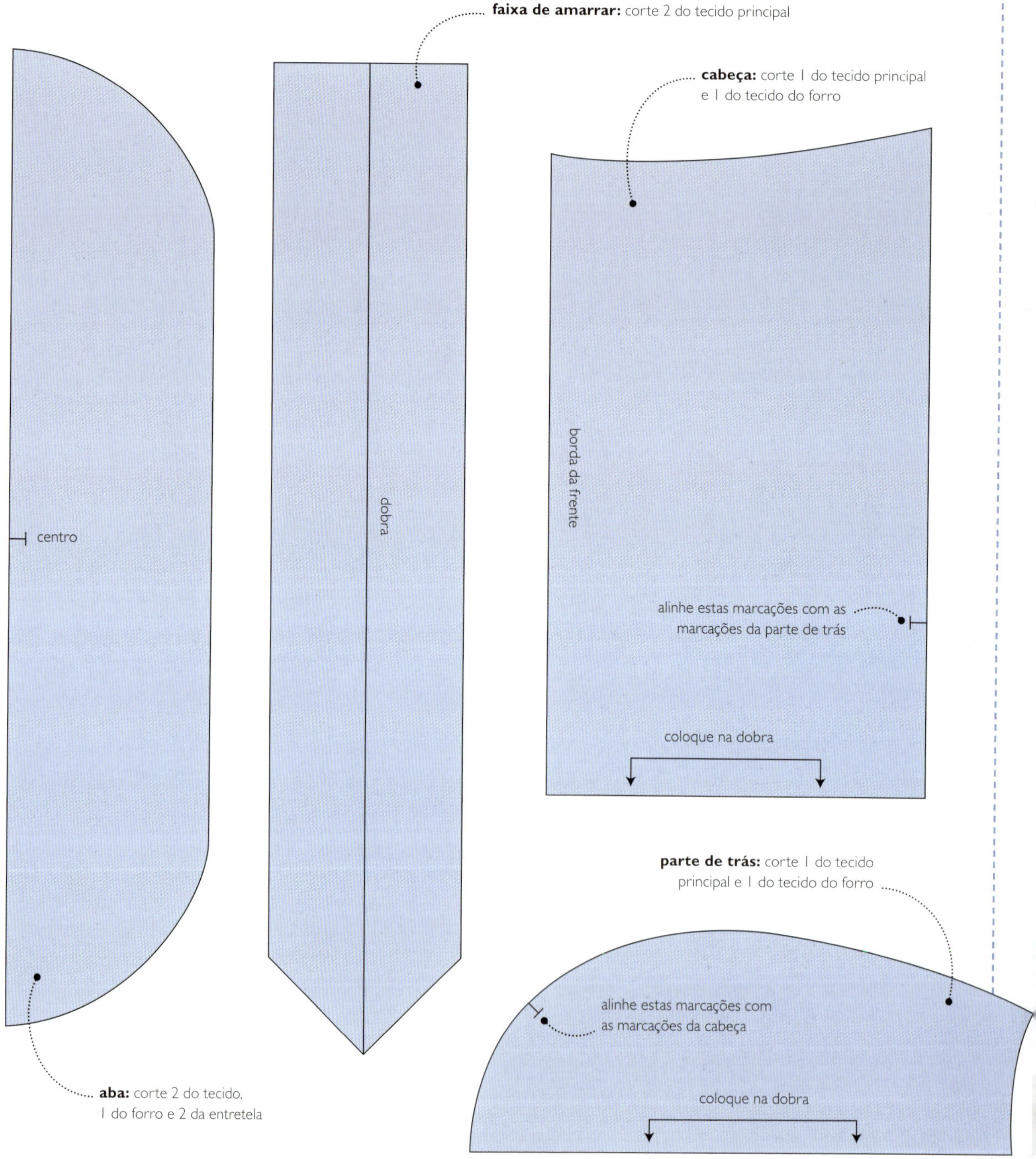

Almofada de coruja (pp. 74-7)

Amplie para 225% em fotocopiadora

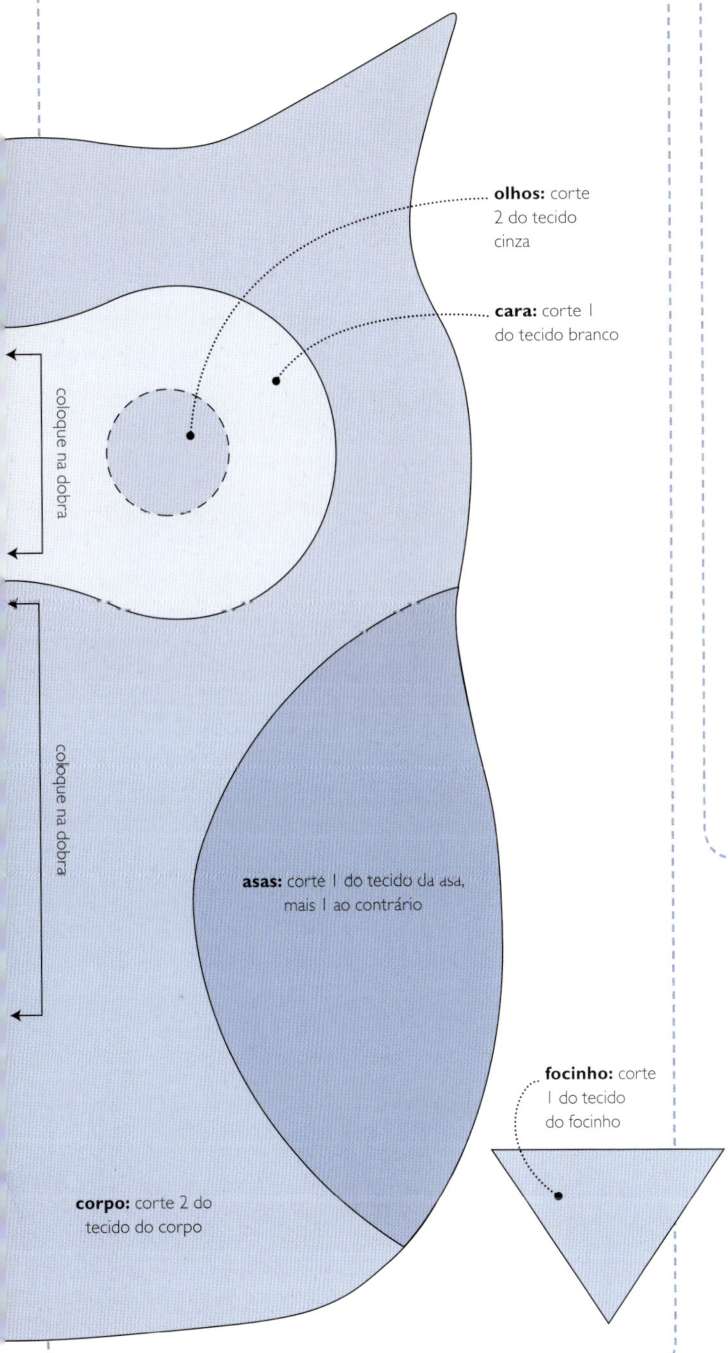

Conjunto de babadores (pp. 150-3)

Amplie para 305% em fotocopiadora

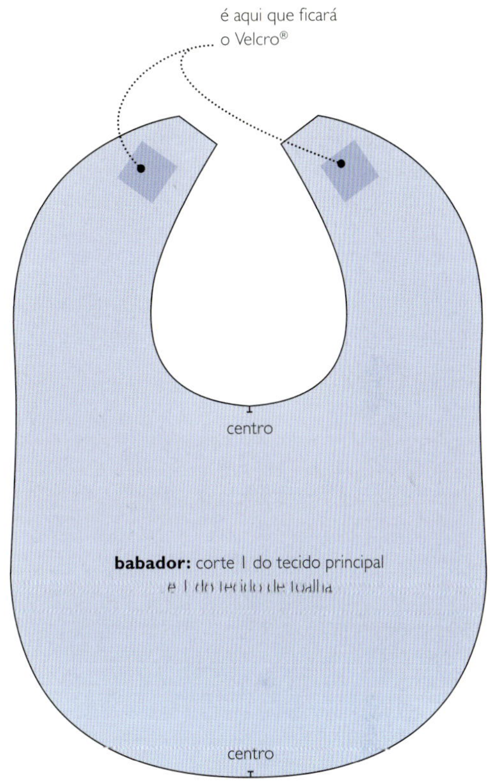

Vestidinho de verão (pp. 190-5)

Amplie para 400% em fotocopiadora

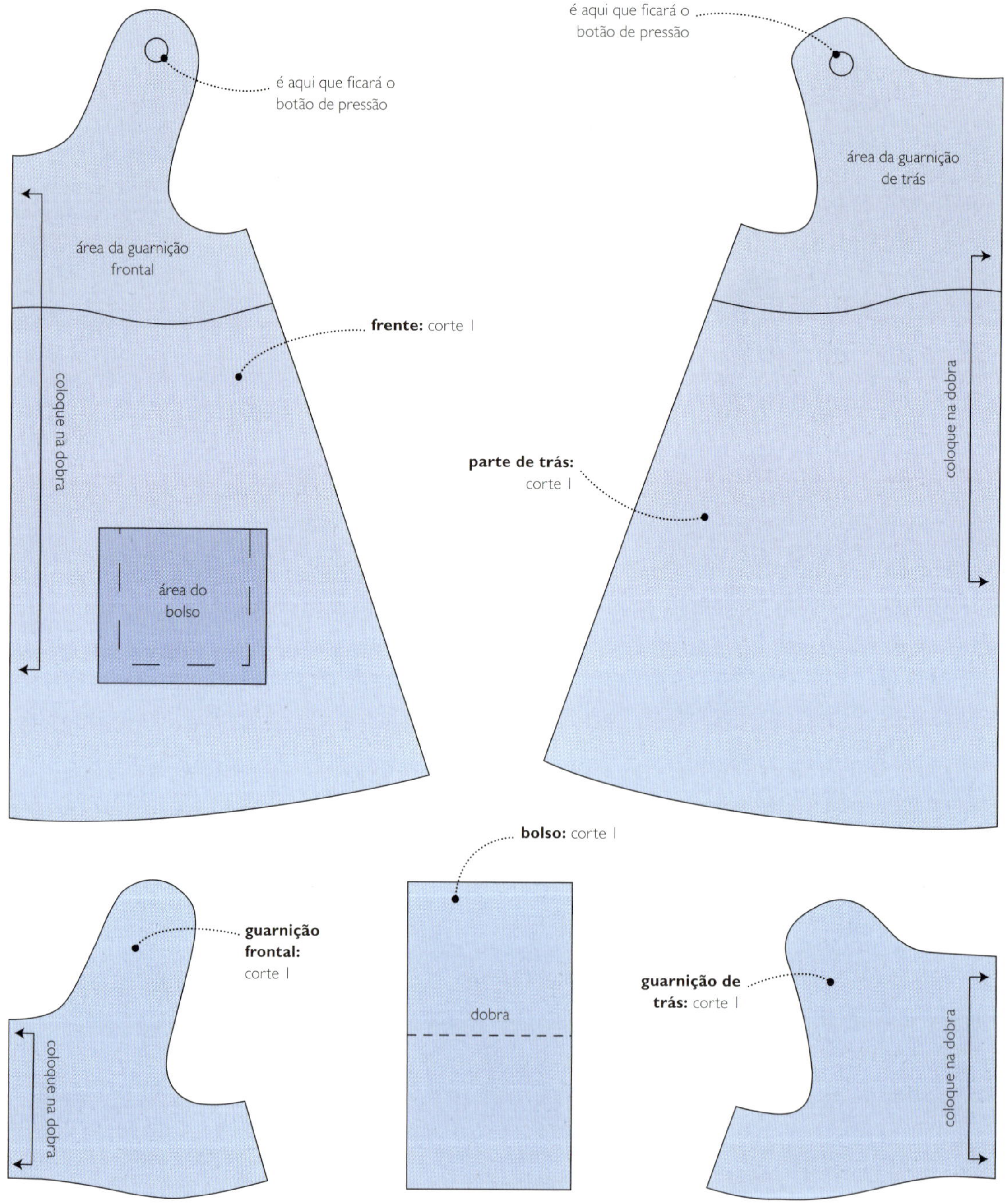

Bodies com temas marítimos (pp. 174-7)

Amplie para 170% em fotocopiadora ou no tamanho desejado

Manta estrelada (pp. 66-9)

Tamanho real

Gorro para recém-nascido (pp. 182-5)

Amplie para 165% em fotocopiadora

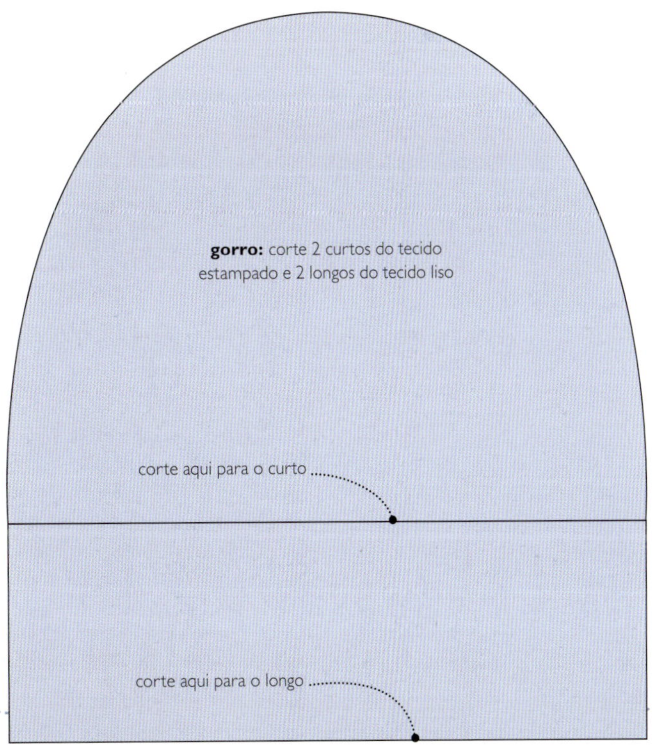

Cartões de presente (pp.212-5)

Amplie para 155% em fotocopiadora

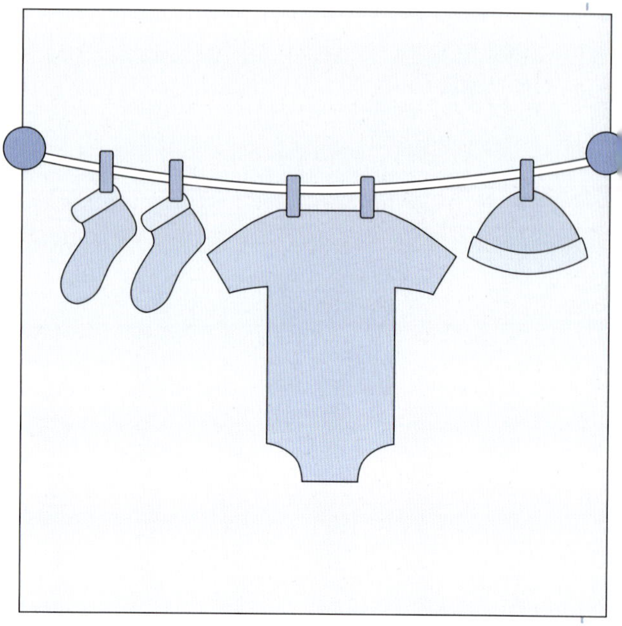

Fantoches de animais selvagens (pp. 144-7)

Tamanho real

Para todos os fantoches de dedo

Hipopótamo

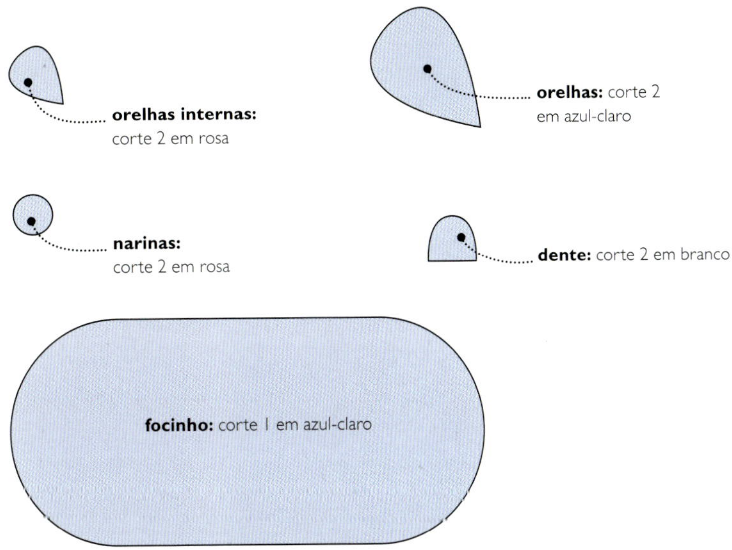

Zebra

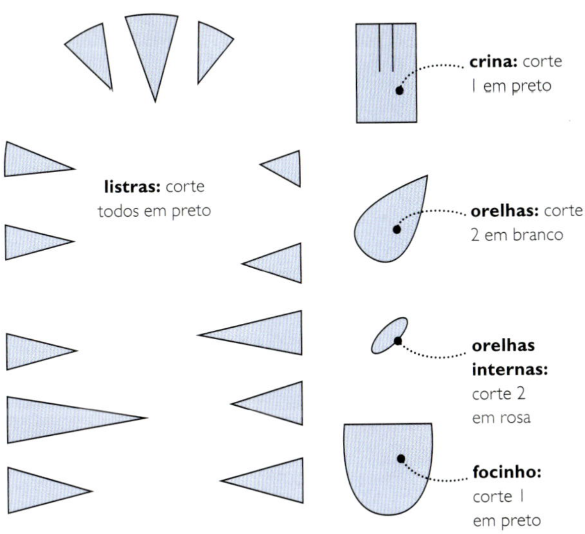

Crocodilo

Leão

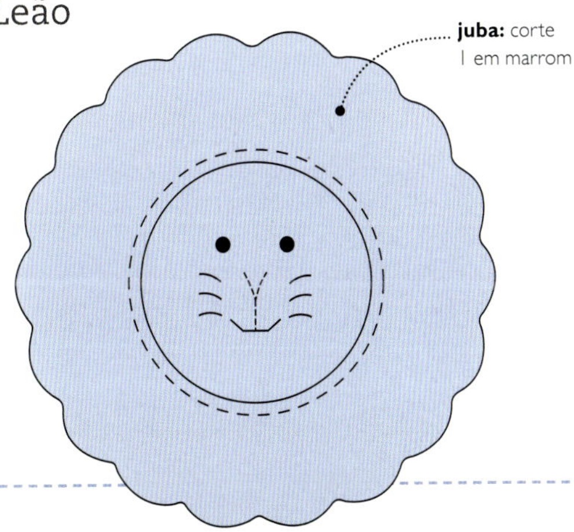

Argolas com temas naturais (pp. 112-5)

Amplie para 145% em fotocopiadora

Sol

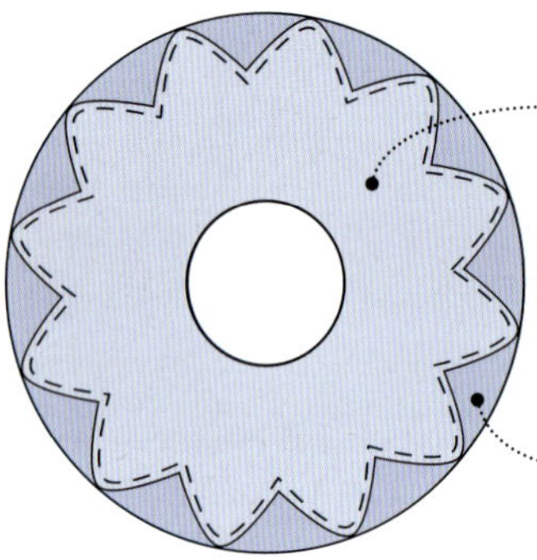

Folha

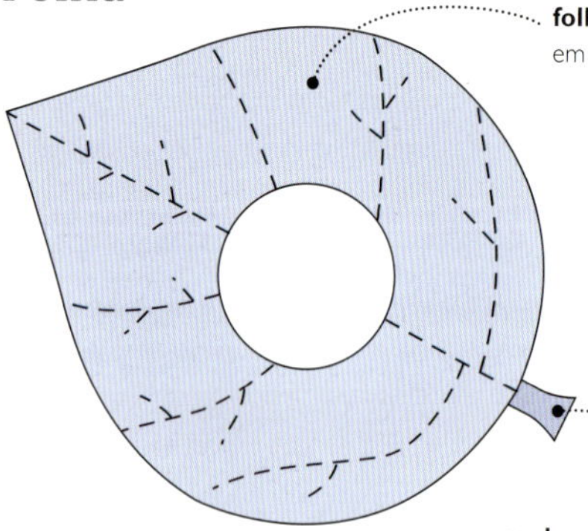

Joaninha

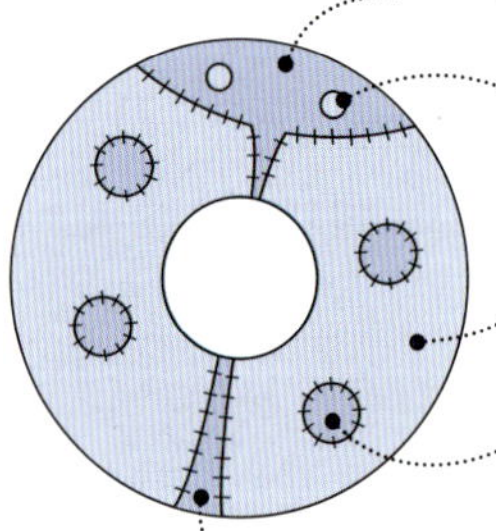

Pássaro azul

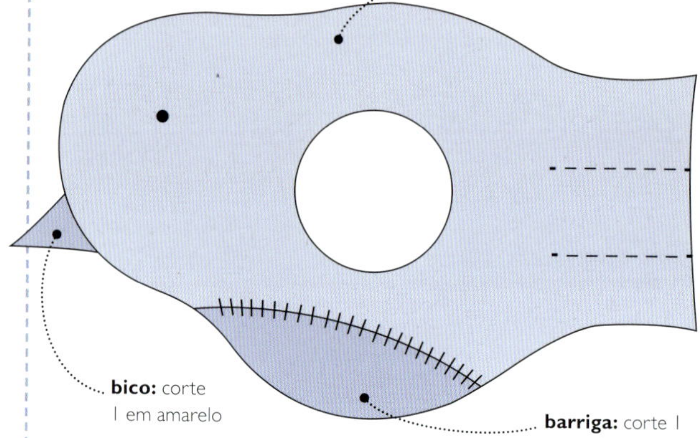

Flor

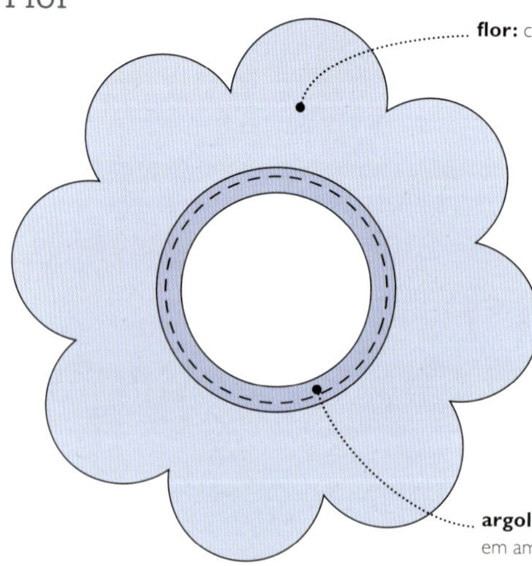

Pino

Ratinho divertido (pp. 136-43)

Amplie para 225% em fotocopiadora

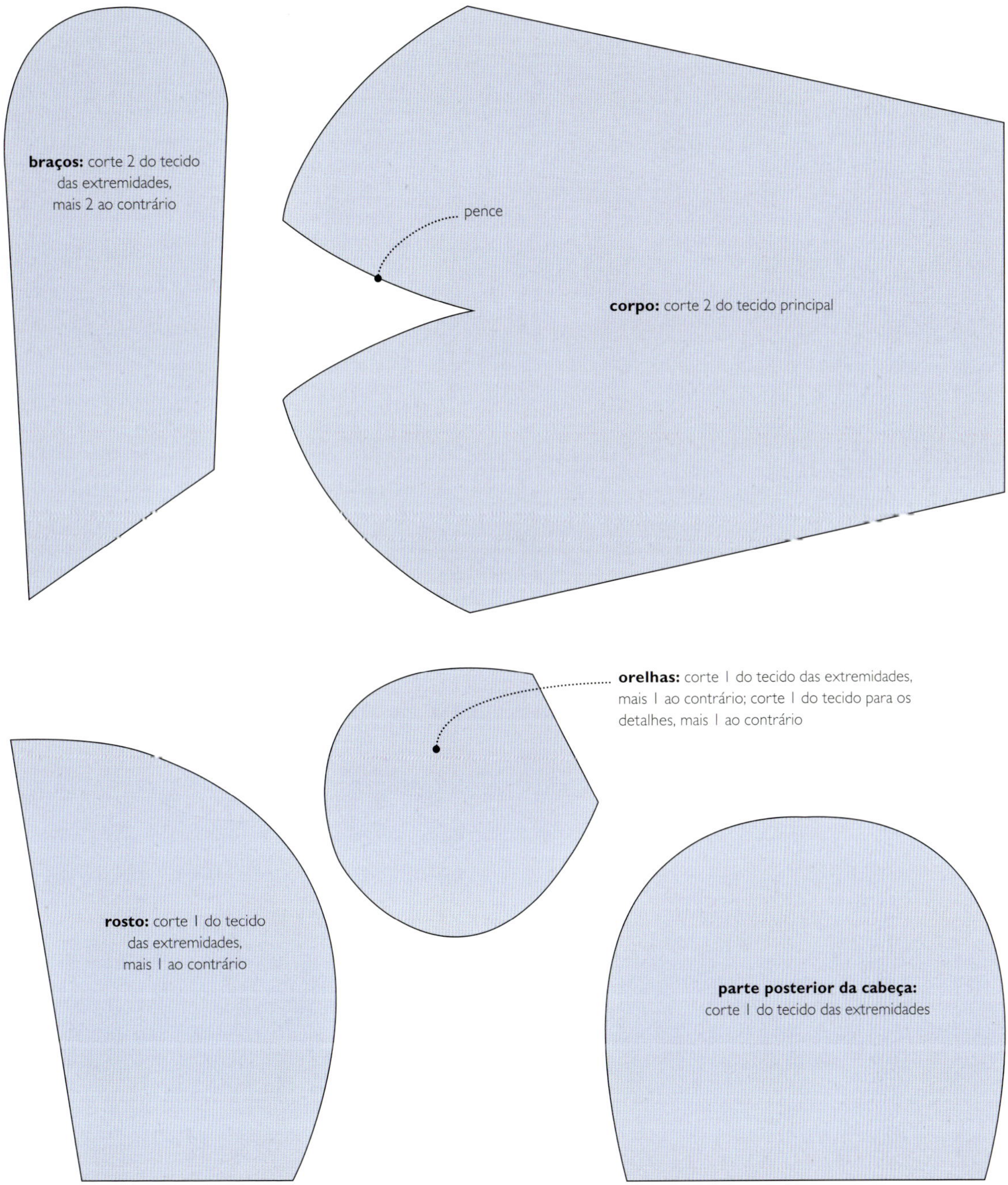

Calço de casinha para porta (pp. 60-5)

Amplie cerca de 170% em fotocopiadora para caber na caixa de suco

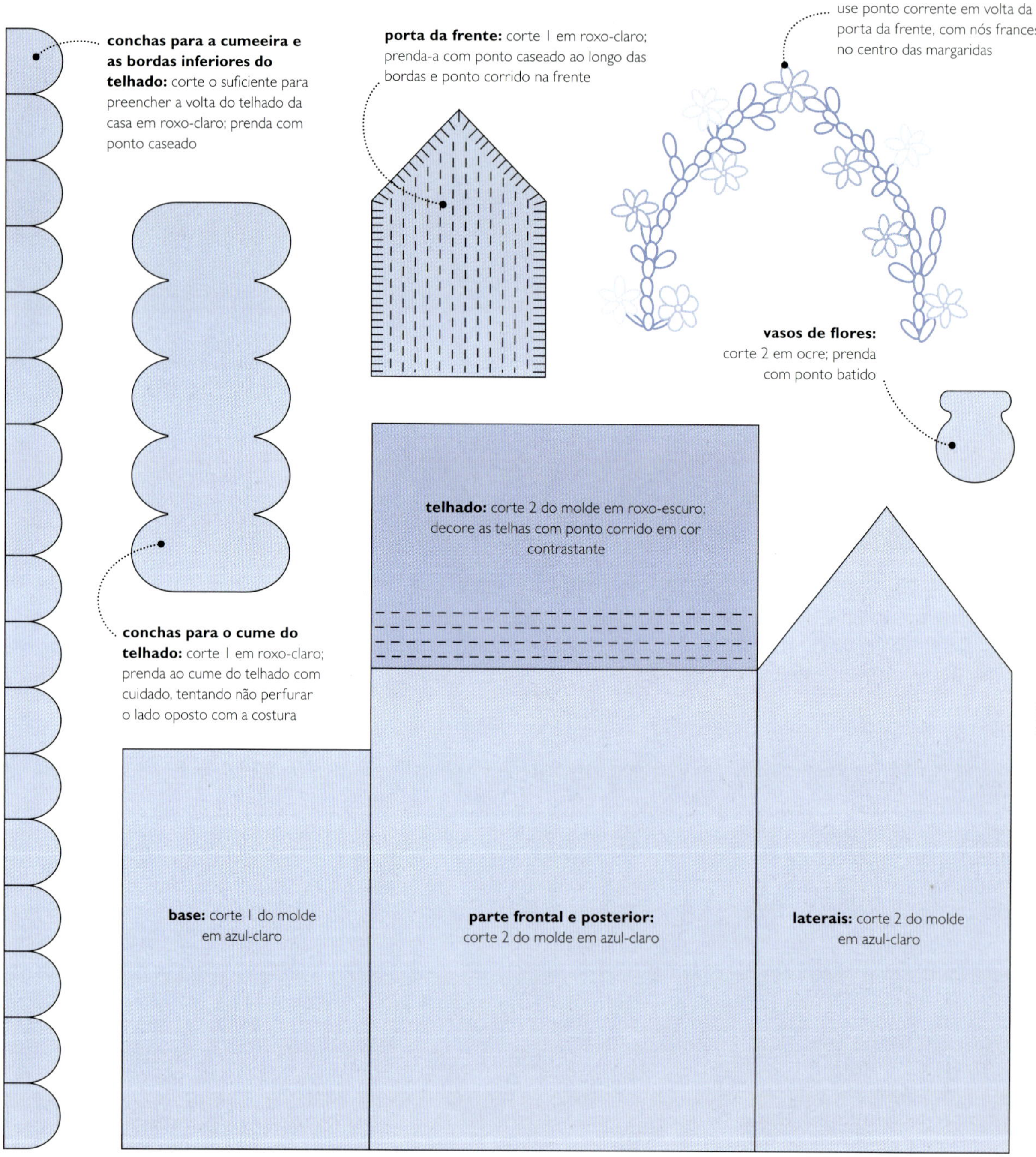

painéis da porta traseira: corte 2 em roxo-escuro; prenda com ponto caseado ao longo das bordas

alça de arco-íris: corte 6 tiras de 30 cm x 1 cm, 1 de cada nas cores vermelho, laranja, amarelo, verde, azul e roxo-escuro; corte também 1 de 30 cm x 3,5 cm em roxo-escuro, para as costas da alça

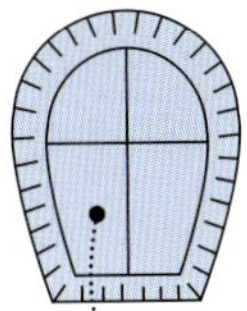

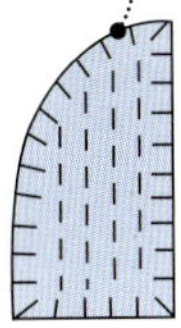

maçaneta da porta traseira: corte 1 em roxo-escuro

coração: corte 1 em rosa; prenda na frente da casa usando ponto batido

janelas traseiras: corte 2 em roxo-claro; prenda com ponto caseado ao longo das bordas

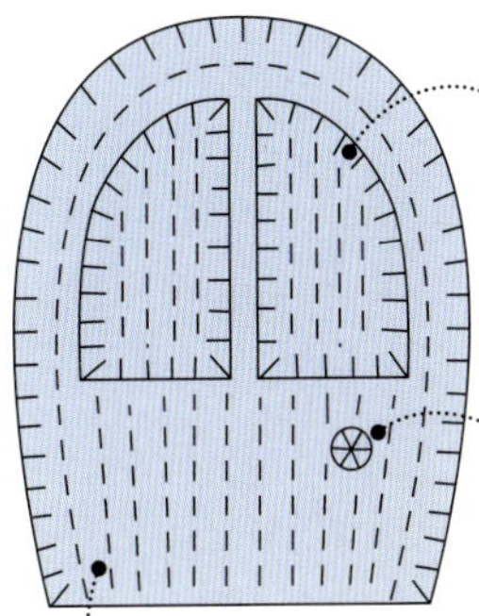

coloque o painel da porta traseira

coloque a maçaneta da porta

janelas da frente: corte 2 em roxo-claro; prenda com ponto caseado ao longo das bordas

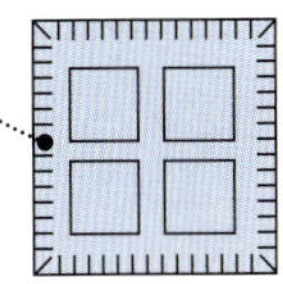

nuvens: corte 2 em cinza; prenda à alça de arco-íris com ponto caseado ao longo das bordas

porta traseira: corte 1 em roxo-claro

chapéu do cogumelo: corte 1 em vermelho; prenda à lateral da casa usando ponto caseado ao longo das bordas e pontos brancos com ponto cheio no meio

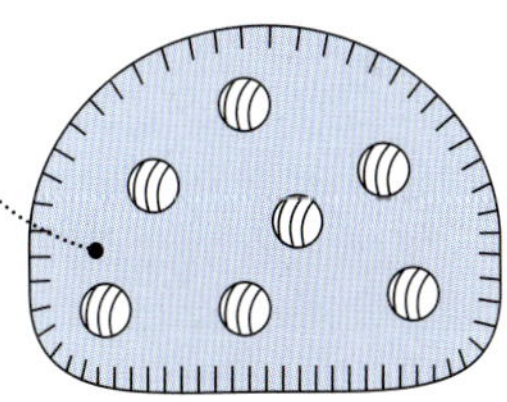

copa da árvore: corte 1 em verde; prenda à lateral da casa usando ponto caseado ao longo das bordas e corações de margarida no meio

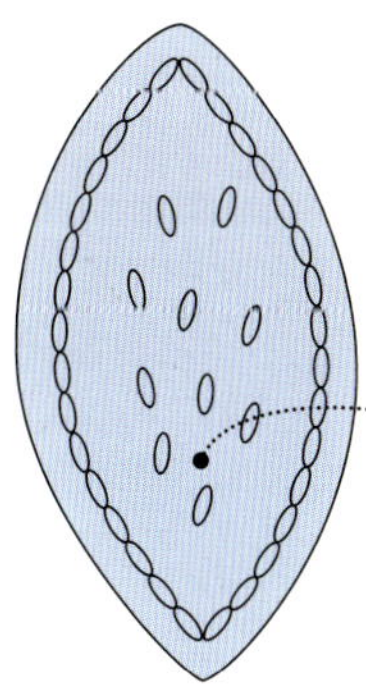

copa da árvore: corte 1 em verde; prenda ao fundo da casa usando ponto corrente ao longo das bordas e no meio

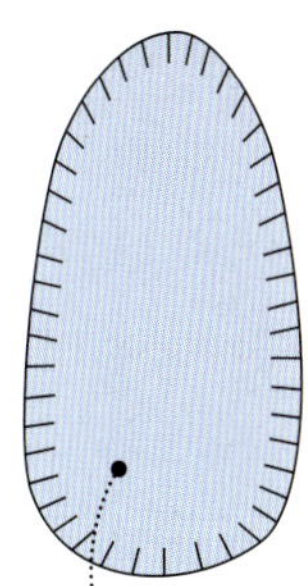

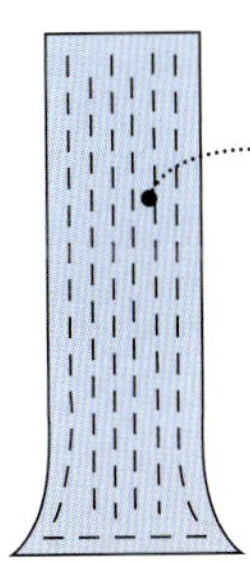

tronco da árvore: corte 1 em marrom; prenda à lateral da casa usando ponto corrido

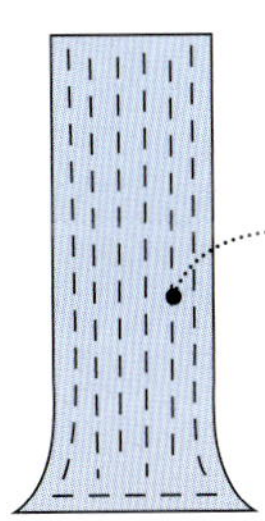

tronco da árvore: corte 1 em marrom; prenda ao fundo da casa usando ponto corrido

caule do cogumelo: corte 1 em bege; prenda à lateral da casa usando ponto caseado ao longo das bordas

Livro de tecido com animais

(pp. 116-21) Amplie 325% em fotocopiadora

Costure as peças na sequência numerada abaixo

as linhas pontilhadas são as linhas da costura

Coelho

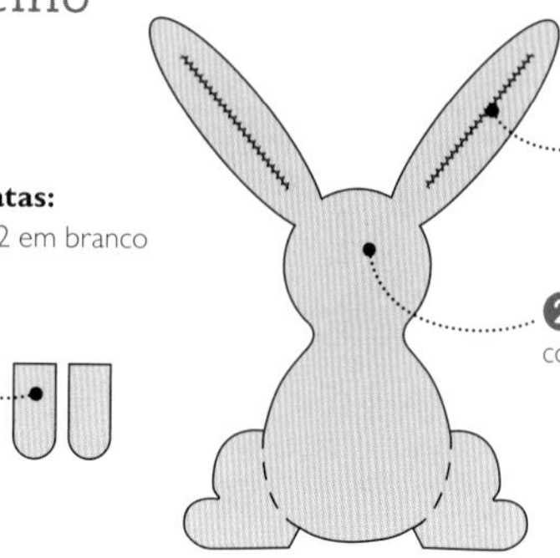

3 patas: corte 2 em branco

ponto zigue-zague rosa

2 corpo: corte 1 em branco

1 grama: corte 1 peça de 23 cm x 9 cm em verde

Gato

1 parede: corte 1 peça de 23 cm x 9 cm em vermelho

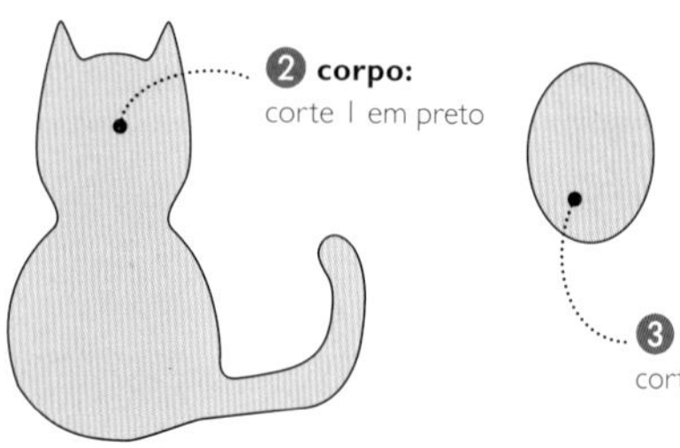

2 corpo: corte 1 em preto

3 barriga: corte 1 em branco

Peixe

1 corpo: corte 1 em laranja

4 bolhas de ar: corte 1 de cada em branco

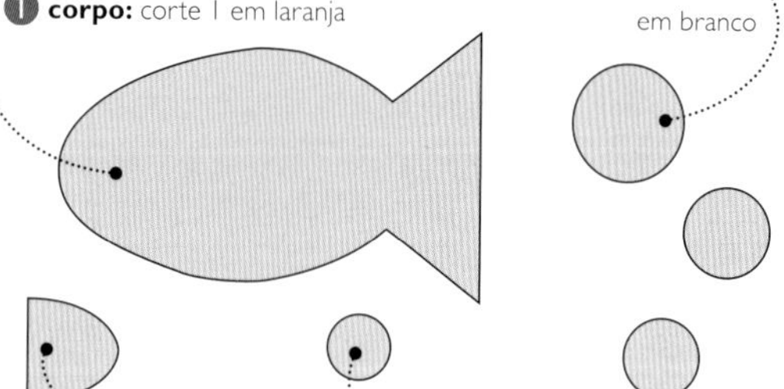

2 barbatana: corte 1 em laranja

3 olho: corte 1 em branco

Pássaro

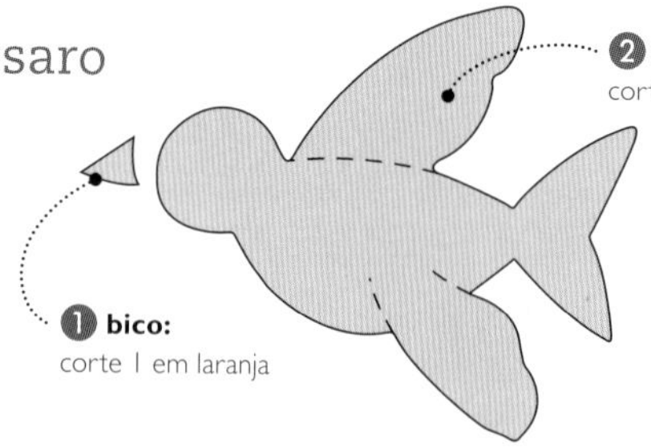

2 corpo: corte 1 em amarelo

1 bico: corte 1 em laranja

Sapo

1 almofada de lírio: corte 1 retângulo de 23 cm x 9,5 cm, com 1 borda longa cortada em curva suave, em verde-escuro

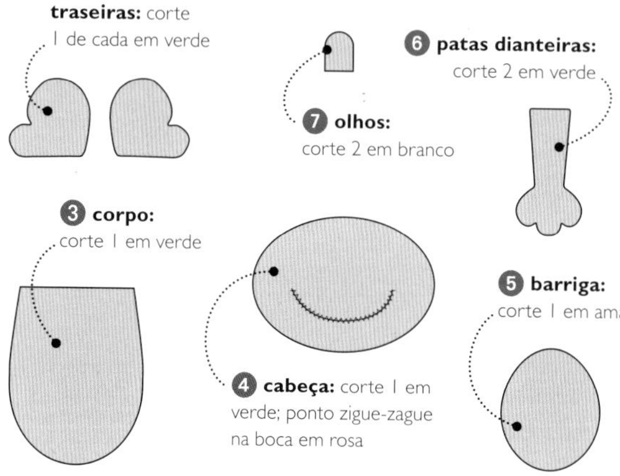

2 patas traseiras: corte 1 de cada em verde

6 patas dianteiras: corte 2 em verde

7 olhos: corte 2 em branco

3 corpo: corte 1 em verde

4 cabeça: corte 1 em verde; ponto zigue-zague na boca em rosa

5 barriga: corte 1 em amarelo

Lagarta

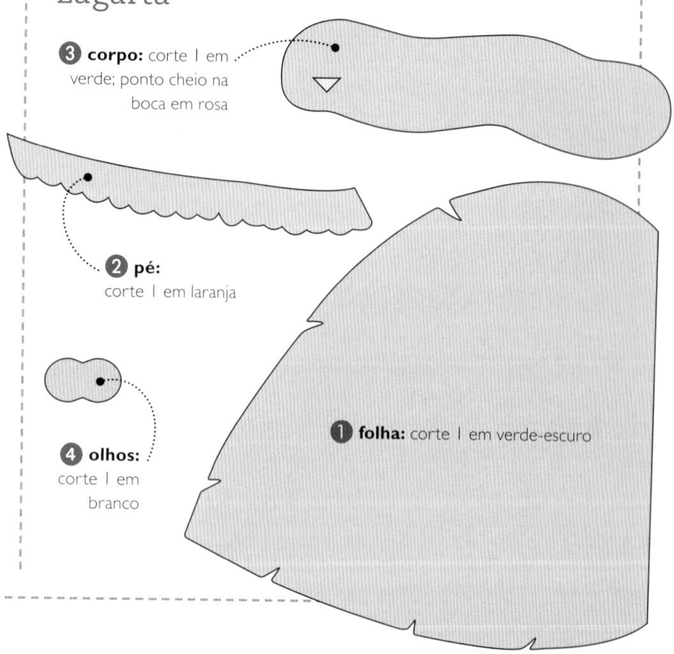

3 corpo: corte 1 em verde; ponto cheio na boca em rosa

2 pé: corte 1 em laranja

4 olhos: corte 1 em branco

1 folha: corte 1 em verde-escuro

Bolsa para fraldas (pp.204-9)

Corte todas as peças de tecido no tamanho, de acordo com os diagramas. Amplie 265% do molde do canto da aba arredondada

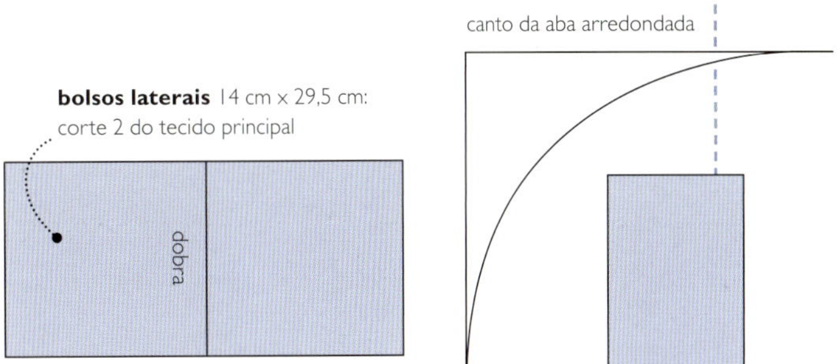

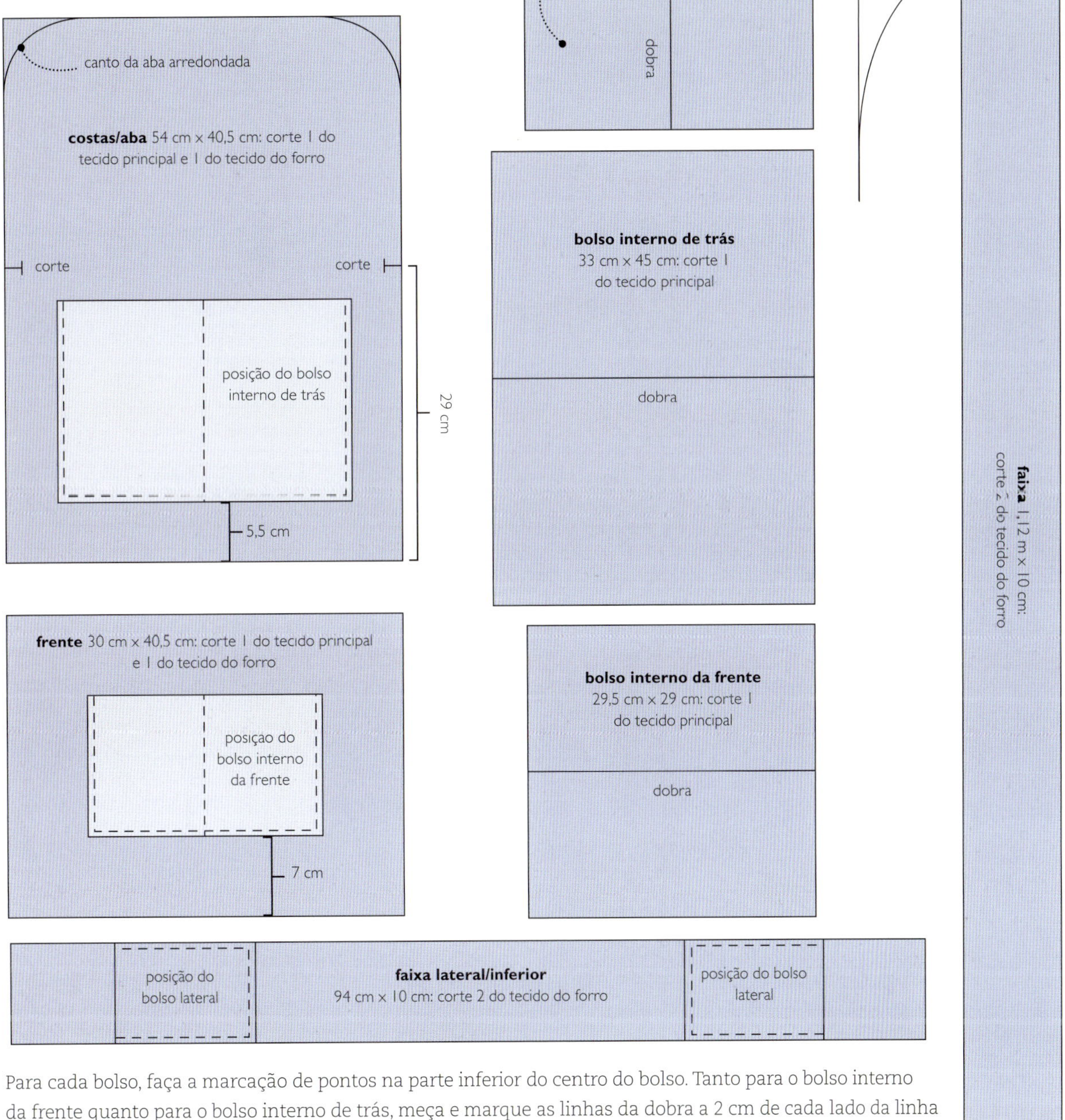

Para cada bolso, faça a marcação de pontos na parte inferior do centro do bolso. Tanto para o bolso interno da frente quanto para o bolso interno de trás, meça e marque as linhas da dobra a 2 cm de cada lado da linha de pontos. Para os bolsos laterais, meça e marque as linhas da dobra a 5 mm de cada lado da linha de pontos.

Glossário

Aplicação Recorte de tecido costurado a uma peça para criar um efeito decorativo.

Appliqué Tecido macio, durável e barato, amplamente usado. Feito dos pelos fibrosos das sementes do algodão.

Arremate picotado Método para arrematar bordas sem acabamento de tecidos difíceis de desfiar usando tesoura de picotar. Deixa uma borda em zigue-zague.

Aviamento Item de armarinho, que não seja tecido, necessário para completar um projeto, como botões, zíper ou elástico.

Bainha Borda de um pedaço de tecido arrematado e costurado para evitar que a peça desfie. Há vários métodos para se fazer isso, à mão e à máquina.

Base de corte Base resistente que serve para proteger a lâmina e a superfície de corte.

Borda sem acabamento Borda de tecido cortada que requer acabamento, podendo se usar ponto zigue-zague para evitar que desfie, ou fazer uma bainha.

Botões de pressão Usados como fechos discretos e ocultos.

Calcador Parte da máquina de costura que desce sobre o tecido para mantê-lo no lugar, sobre a placa da agulha, durante a costura. Há diferentes tipos de calcadores disponíveis.

Calcador de zíper Calcador estreito de máquina com uma ponta que pode ser posicionada em qualquer um dos lados da agulha.

Canto mitrado Costura diagonal formada quando o tecido é unido em um canto. O excesso de tecido é cortado antes ou depois de ser costurado.

Carretel Suporte redondo que fica sob a placa da agulha da máquina de costura, no qual a linha é enrolada.

Cava Abertura em peça de roupa para a manga e o braço.

Centro da frente A linha vertical de simetria da peça frontal do molde.

Centro das costas A linha vertical de simetria da peça traseira do molde.

Cortador rotativo Instrumento para cortar tecidos de forma fácil e precisa, útil para cortar várias bordas retas. Tem diversos tamanhos de lâmina retrátil.

Costura Linha de pontos na qual as duas bordas do tecido são unidas.

Costura com pontos visíveis Costura acabada com uma carreira de pontos visíveis para efeito decorativo.

Costura na cavidade Linha de pontos retos feitos no lado direito do trabalho, na cavidade criada pela costura.

Debrum Método para dar acabamento a uma borda envolvendo-a em tira de tecido cortado no viés.

Entretela Tecido colocado entre a peça de roupa e a guarnição para dar estrutura e sustentação. Disponíveis em diversas espessuras, as entretelas podem ser termocolantes (unidas ao tecido pelo calor) ou não fundíveis (precisam ser costuradas no tecido).

Feltro Tecido feito de lã não trançado ou grupo de fibras entrançadas obtido por meio de calor, umidade e pressão.

Giro sobre um eixo Técnica usada para costurar cantos à máquina. A máquina é interrompida no canto com a agulha no tecido, depois o calcador é levantado, o tecido é virado acompanhando a direção do canto e o calcador é abaixado para continuar a costura.

Giz de alfaiate Pedaço de giz quadrado ou triangular usado para marcar o tecido. Disponível em diversas cores, pode ser removido facilmente com escova.

Guarnição Camada de tecido colocada na parte interna da peça de roupa e utilizada para arrematar as bordas sem acabamento da cava ou a gola. Normalmente, a guarnição é feita com um pedaço separado de tecido, mas às vezes pode ser uma extensão da própria roupa.

Jérsei Fio de algodão ou lã que foi entrelaçado para dar elasticidade.

Lado avesso Inverso de um tecido, o interior de uma peça de roupa ou de outro item.

Lado direito O lado externo do tecido, ou a parte visível da peça.

Margem da bainha Quantidade de tecido deixado para virar para dentro e fazer a bainha.

Margem de costura Quantidade de tecido incluída no molde, onde as partes serão unidas por uma costura. É a distância entre as bordas sem acabamento do tecido e a linha de pontos.

Mecha de lã Tufo longo e estreito de fibras de lã que foi penteado, mas não fiado.

Mitrar A linha diagonal formada onde duas bordas da peça de tecido se encontram em um canto, produzido ao dobrar. *Ver também* Canto mitrado.

Papel termocolante Papel tratado, usado para armazenar alimentos congelados. Um lado tem uma superfície levemente encerada que gruda ao tecido ao ser passada a ferro. É encontrado em grandes supermercados e pela internet.

Pence Dobra de tecido terminada em ponta e costurada, usada para dar forma e contorno a uma peça.

Ponto alinhavado Ponto corrido provisório, usado para manter as peças de tecido unidas. Também conhecido como alinhavo.

Ponto-atrás Ponto à mão resistente, com um ponto duplo no avesso.

Ponto batido Ponto firme e resistente usado para unir duas camadas de forma definitiva. Esse ponto é muito usado para fixar reforços de viés.

Ponto caseado Ponto à mão costurado ao longo da borda do tecido com ou sem acabamento, para arrematar e decorar.

Ponto corrido Ponto reto, simples, com espaçamento uniforme e distância igual entre um ponto e outro.

Ponto de retrocesso Ponto à máquina que simplesmente volta costurando sobre uma carreira de pontos para prender as linhas. Deve ser feito no início ou no final da costura, para firmá-la.

Ponto reto Ponto simples à máquina, usado na maioria das aplicações. O comprimento do ponto pode ser alterado para se adequar ao tecido.

Ponto visível Ponto reto à máquina trabalhado no lado direito da peça, perto da borda acabada.

Ponto zigue-zague Ponto à máquina usado para arrematar e prender as bordas da costura e decorar. A largura e o comprimento do zigue-zague podem ser alterados.

Prega Dobra uniforme ou uma série de dobras no tecido, muitas vezes parcialmente costuradas.

Reforço em viés Tiras estreitas de tecido cortadas em viés. Usado para dar um acabamento elegante.

Suavizar Distribuir o volume no tecido ao juntar duas costuras de comprimentos um pouco diferentes, por exemplo, uma manga à cava.

Tecido atoalhado Tecido de algodão com felpas. Também chamado de tecido felpado ou felpudo.

Tecido de PVC (tecido de cloreto de polivinilo) Tecido sintético, impermeável e com brilho.

Tecido PUL (tecido de poliuretano laminado) Tecido fino, impermeável, feito com material laminado para ser impermeável no avesso. É comercializado por vários revendedores na internet.

Tesoura de picotar Instrumento de corte com lâminas dentadas, usado, entre outras coisas, para dar acabamento a tecidos que não desfiam.

Velcro® Tira de tecido composta de duas camadas e duas partes, um lado de "gancho" e um lado de "laço". Ao juntar os dois lados, eles ficam grudados.

Viés Tira de pano cortada obliquamente (enviesada) ao tecido e usada como enfeite ou acabamento.

Zíper Fecho muito usado em roupas, composto de duas tiras de fita de tecido, com dentes de metal ou plástico e formato específico, que se encaixam e fecham por meio de uma peça deslizante. Há zíperes em diversas cores e tamanhos.

Índice

A

acolchoamento: colcha de patchwork 22-7
almofadas
  almofada de coruja 74-7, 239
  almofada fofinha 10-5, 228
aplicação: cobertor com ovelhas 36-9
argila
  como queimar 202
  pingente com impressão digital 198-203
  prato com as pegadas do bebê 210-1
argila de prata: pingente com impressão digital 198-203
argolas com temas naturais 112-5, 244

B

babadores 150-3, 239
baleia simpática 96-9, 237
bandeirinhas coloridas 40-3, 237
blocos de montar estampados 100-3
bodies
  com fuxicos 160-5, 233
  com temas marítimos 174-7, 241
bolinhas de lã 108-11
bolsas
  bolsa de mão impermeável 90-3
  bolsa para fraldas 204-9
borboleta de tecido 130-5, 236
botinhas de verão 154-9, 235
botões
  almofada de coruja 74-7, 239
  bodies com fuxicos 160-5, 233
  coelhinho de botões 28-9, 233
  faixa de cabelo com fuxico 178-81, 233
brinquedos
  argolas com temas naturais 112-5, 244
  baleia simpática 96-9, 237
  blocos de montar estampados 100-3
  bolinhas de lã 108-11
  borboleta de tecido 130-5, 236
  chocalho de cachorrinho 104-7, 236
  fantoches de animais selvagens 144-7, 243
  livro de tecido com animais 116-21, 248
  pinguins para o banho 44-9, 232
  polvo macio 124-9, 237
  ratinho divertido 136-43, 245

C

cabides decorados 32-5
calço de casinha para porta 60-5, 246-7
carimbos: manta estrelada 66-9, 241
cartões de presente 212-5, 242
chocalho de cachorrinho 104-7, 236
cobertor com ovelhas 36-9, 229
colcha de patchwork 22-7

D

découpage: Cabides decorados 32-5
desenhos em tecido: manta estrelada 66-9, 241

E

entretela termocolante, para ser passada 11, 15
estênceis: bodies com temas marítimos 174-7, 241

F

faixa de cabelo com fuxico 178-81, 233
fantoches de animais selvagens 144-7, 243
fantoches de dedo, safári 144-7, 243
feltragem com água 109-10
feltro
  argolas com temas naturais 112-5, 244
  bolinhas de lã 108-11
  calço de casinha para porta 60-5, 246-7
  fantoches de animais selvagens 144-7, 243

móbile celeste 18-21, 234
móbile com bichinhos 56-9, 230-1
figuras de animais
almofada fofinha 10-5, 228
baleia simpática 96-9, 237
borboleta de tecido 130-5, 236
chocalho de cachorrinho 104-7, 236
cobertor com ovelhas 36-9, 229
fantoches de animais selvagens 144-7, 243
livro de tecido com animais 116-21, 248
móbile com bichinhos 56-9, 230-1
pinguins para o banho 44-9, 232
polvo macio 124-9, 237
ratinho divertido 136-43, 245
fio de lã 109
fuxicos
bodies com fuxicos 160-5, 233
faixa de cabelo com fuxico 178-81, 233

G
gorros
gorro para dias ensolarados 166-71, 238
gorro para recém-nascido 182-5, 241

I
impressões digitais do bebê
lembrança da mão do bebê 16-7
pingente com impressão digital 198-203
prato com as pegadas do bebê 210-1

L
livro de tecido com animais 116-21, 248
luvas para recém-nascido 186-9, 233

M
mantas
cobertor com ovelhas 36-9, 229
manta estrelada 66-9, 241
móbiles
móbile celeste 18-21, 234
móbile com bichinhos 56-9, 230-1
moldes 228-49
moldura com listras 70-1

N
nó francês 224

O
organizador suspenso 82-5

P
peças para pendurar na parede
coelhinho de botões 28-9, 233
lembrança da mão do bebê 16-7
moldura com listras 70-1
prato com as pegadas do bebê 210-1
silhueta de um ano 220-1
pingente com impressão digital 198-203
pinguins para o banho 44-9, 232
pontos
nó francês 224
ponto-atrás 225
ponto batido 224
ponto caseado 224
ponto cheio 224
ponto corrente 225
ponto corrido 224
ponto margarida 225
prato com pegadas do bebê 210-1
pregas 227
presente em forma de cupcake 216-9, 236
projetos com desenhos
bodies com temas marítimos 174-7, 241
manta estrelada 66-9, 241
moldura com listras 70-1
protetor para porta 86-9
PVC: trocador portátil 78-81

Q
queimar argila, como 202

R

ratinho divertido 136-143, 245
roupas e acessórios
  babadores 150-3, 239
  bodies com fuxicos 160-5, 233
  bodies com temas marítimos 174-7, 241
  botinhas de verão 154-9, 235
  faixa de cabelo com fuxico 178-81, 233
  gorro para dias ensolarados 166-9, 238
  gorro para recém-nascido 182-5, 241
  luvas para recém-nascido 186-9, 233
  presente em forma de cupcake 216-9, 236
  vestidinho de verão 190-5, 240

S

silhueta de um ano 220-1

T

tapete recreativo de flor 52-5, 233
tecido
  almofada de coruja 74-7, 239
  almofada fofinha 10-5, 228
  baleia simpática 96-9, 237
  bandeirinhas coloridas 40-3
  bolsa de mão impermeável 90-3
  bolsa para fraldas 204-9, 249
  botinha de verão 154-9, 235
  chocalho de cachorrinho 104-7, 236
  colcha de patchwork 22-7
  faixa de cabelo com fuxico 178-81, 233
  gorro para dias ensolarados 166-71, 238
  gorro para recém-nascido 182-5, 241
  lembrança da mão do bebê 16-7
  livro de tecido com animais 116-21, 248
  luvas para recém-nascido 186-9, 233
  organizador suspenso 82-5
  polvo macio 124-9, 237
  pregas 227
  protetor para porta 86-9
  ratinho divertido 136-43, 245
  tapete recreativo de flor 52-5, 233
  trocador portátil 78-81
  tubos de tecido 226
  vestidinho de verão 190-5, 240
  veja também feltro; tecido atoalhado
tecido atoalhado
  babadores 150-1
  pinguins para o banho 44-9, 232
trocador portátil 78-81
tubo de tecido 226

V

vestidinho de verão 190-5, 240

Agradecimentos

A Dorling Kindersley gostaria de agradecer, pelo empenho e contribuição dedicados a este livro, a:

Artesãos

Debi Birkin: Almofada fofinha, cobertor com ovelhas, pinguins para o banho e móbile com bichinhos.

Amy Cox: Coelhinho de botões.

Janet Dudley: Organizador suspenso, bolsa de mão impermeável, conjunto de babadores, botinha de verão, gorro para dias ensolarados, vestidinho de verão e bolsa para fraldas.

Kathryn Meeker: Colcha de patchwork, bandeirinhas coloridas, tapete recreativo de flor, almofada de coruja, protetor para porta, baleia simpática, chocalho de cachorrinho, bolinhas de lã, argolas com temas naturais, livro de tecido com animais, polvo macio, borboleta de tecido, ratinho divertido, fantoches de animais selvagens, bodies com fuxicos, bodies com temas marítimos, faixa de cabelo com fuxico, gorro para recém nascido, luvas para recém-nascido, prato com as pegadas do bebê e presente em forma de cupcake.

Nicola Rodway: Lembrança da mão do bebê, cabides decorados, manta estrelada, moldura com listras, blocos de montar estampados, cartões de presente e silhueta de um ano.

Clara Smith: Pingente com impressão digital.

Susan Trevor: Móbile celeste e calço de casinha para porta.

Outras contribuições

Revisora do texto original inglês: Angela Baynham

Responsável pelo índice: Marie Lorimer

Assistente de fotografia e modelo de mão: Carly Churchill

Fotografias adicionais: Dave King

Locação para fotografia: 1st Option

Cenários e objetos: Backgrounds

Modelos: Teagan Dudley, William Edwards, Maddison Janice Holt, Oscar John Holt, Jimmy Knowles, Abigail Leong, Thomas Mackrill, Tulsi Nair, Blake Reeder, Saakshi Alva Roberts, Scarlet Squier, Olivia Astill-Suppria, Benedict Charles Philipson Todd e Edward Veer

Bom artesanato!